漢字

학부모님들의 뜨거운 사랑, 최고의 학습지로 보답하겠습니다!

기탄학습지를 사랑해 주시는 전국의 유・초등학생, 그리고 학부모님 여러분!

　그동안 기탄교육은 대한민국 모든 어린이들이 공평한 교육기회를 누릴 수 있도록, 저렴하면서도 최고의 학습효과를 거둘 수 있는 서점용 학습지를 개발・보급하여 왔습니다. 대표 브랜드 기탄수학을 비롯하여 기탄사고력수학, 기탄국어와 급수한자, 스텐퍼드영단어 등 기탄의 학습지들은 자녀교육에 관심이 높은 학부모님들께 꾸준한 인기를 얻었으며, 그 결과 기탄수학이 3년 연속 주요 일간지 학습지부문 ㅎ트상품에 선정되기도 했습니다. 또한 외국 교포, 외국에서 근무하는 외교관이나 상사주재원의 자녀, 이민이나 조기유학을 떠나는 학생들에게 기탄학습지는 꼭 챙겨야 하는 중요품목으로 자리잡게 되었습니다.

　기탄교육은 이러한 성원에 힘입어 교재에 대한 다양한 요구를 수렴하고, 교육의 시대적 변호에 능동적으로 대처한 신개념 학습지 기탄한글과 기탄영어를 개발하여 전국의 학부모님들로부터 뜨거운 찬사를 받고 있습니다. 특히 세계 최초로 채택한 4 in 1 시스템 제본은 뛰어난 학습 효과는 물론이고, 고과 중심의 사고로 우리나라 교육출판 역사에 한 획을 그은 획기적인 발상으로 평가받고 있습니다.

　이번에 새로이 선보인 「기탄한자」 역시 어린이들과 학부모님의 기대에 부응하는 최고의 한자학습지라 자부합니다. 최근 한자능력검정시험에 응시하여 자격증을 따는 초등학생의 숫자가 기하급수적으로 증가하는 등 한자교육의 중요성이 높아지고 있습니다. 특히 어릴 때부터 한자를 익히면 중국어나 일본어를 습득하는데도 큰 도움이 될 뿐만 아니라 국어의 언어능력이 높아지고 학습효과가 증대된다는 많은 연구보고가 있습니다.

　'곡식은 농부의 발자국 소리를 듣고 자란다'는 말처럼 아이들 교육에서도 부모의 관심과 애정이 가장 큰 힘이요, 자양분입니다. 무조건 값비싼 사교육에 우리 아이들을 맡기기보다는 아이들 스스로 공부하는 힘을 길러줄 수 있도록 기초 교육만큼은 부모님께서 직접 챙겨 주십시오.
　앞으로도 저희 기탄교육은 항상 연구하고 노력하는 자세로 부모와 자녀가 함께 공부할 수 있는 좋은 교재를 개발하기 위해 모든 노력을 경주하겠습니다.

　기탄을 사랑하시는 전국의 모든 학부모님과 어린이 여러분께 진심으로 감사의 말씀을 드립니다.

(주) 기탄교육 임직원 일동

그림으로 익히고 놀이로 기억하는
〈입체 한자 학습프로그램〉

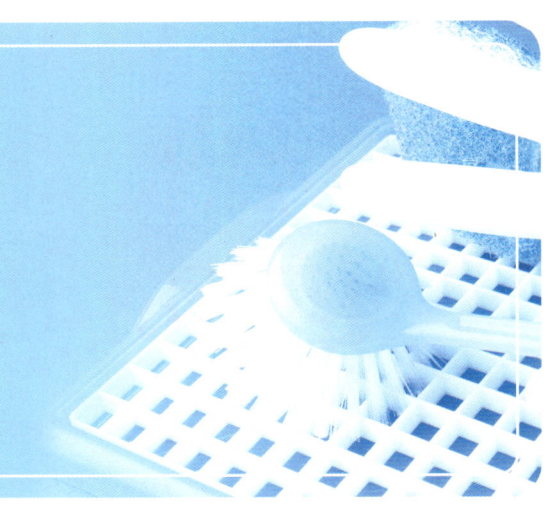

이미지 연상에 의한 그림 한자 학습

한자는 그림에서 출발한 문자입니다. 사물의 모양을 본떠서 점차 상징화된 표의문자(뜻글자)로 발전하여 오늘날 세계에서 가장 많은 수의 인구가 사용하는 문자가 되었습니다. 기탄한자는 아이들에게 한자를 그림의 일부로서 뜻을 기억하게 하고 사물의 모양에서 문자 요소를 각인하도록 하였습니다. 학습지업계 최초로 이미지 연상을 통한 그림 한자를 개발하여 아이들은 한자를 기호가 아닌 그림 덩어리로 받아들여 저절로 기억하게 됩니다.

자원변화 과정의 이해를 통한 원리 이해 학습

기탄한자는 무조건 쓰고 외우는 방식이 아니라 자원변화 과정의 이해를 통한 제자 원리를 이해하도록 합니다. 갑골문 – 금문 – 설문해자의 한자 변천 과정을 아이들의 눈으로 접해 보며 원리 이해에 의한 한자 학습을 진행합니다. 문자학계의 정설을 엄선하여 학문적으로 여러 번의 감수와 고증을 거친 한자 학습의 표본이 될 수 있는 한자 학습프로그램입니다.

학습 효과를 극대화하는 체계적인 학습 전개 방식

한 주의 학습 전개 방식은
복습 ➡ 도입 ➡ 전개 ➡ 활용 ➡ 정리 ➡ 상식 ➡ 놀이
학습의 순서로 전개됩니다.

- **복습** 한 주 학습의 시작은 항상 지난 주에 학습했던 한자의 복습으로 출발합니다.
- **도입** 재미있는 창작 동화를 통해 이번 주에 익힐 한자의 개념을 접하고 스티커 활동을 통해 흥미를 불러일으킵니다.

- **전개** 각각 한자의 뜻과 소리와 모양 그리고 필순, 부수, 한자어 등을 익히게 됩니다.
- **활용** 학습한 한자를 다양한 놀이 방법을 통하여 자연스럽게 좌뇌와 우뇌를 개발하는 이미지 학습법으로 한자 실력을 다져 나갑니다.

- **정리** 앞서 익힌 3요소, 필순, 부수 등 한자의 가장 필수적인 내용을 마무리합니다.
- **상식** 한자와 관련된 상식, 고사, 유래, 일화 등 여러 가지 흥미로운 이야기들을 엄마와 아이가 함께 읽어 나가면서 학습에 진정한 재미를 느낄 수 있습니다.

- **놀이** 오리기, 접기, 만들기, 퍼즐 맞추기, 그림 그리기, 만화 등 아이의 오감을 이용할 수 있는 놀이 활동으로 한 주 학습을 마무리합니다.

아이들은 한자박사로,
엄마는 진정한 선생님으로 만들어 드립니다

아동의 좌우뇌 발달을 돕는 한자 학습

대뇌를 연구하는 학자들에 의하면 6세 이전에는 우뇌가 주로 발달하고 그 이후에는 좌뇌 발달이 이루어진다고 합니다. 우뇌는 이미지, 직관, 예술 등의 기능을 담당하고 좌뇌는 분석적, 논리적, 언어적인 역할을 담당합니다. 기탄한자만의 자랑인 그림 한자, 도트 연결 한자, 숨은 한자, 직관 한자 등 이미지 요소 학습을 통해 직관력과 통찰력을 키워 아이의 우뇌를 자극해 줍니다. 또, 뜻, 소리, 모양 분리하기, 규칙성 알기, 모눈한자 따라가기, 모양 추리하기, 한글·한자병기 학습은 아이의 좌뇌를 개발시켜 줍니다. 10세 미만의 아이라면 바로 기탄한자로 아이의 두뇌개발을 도와 주세요.

하나의 한자를 37회 연습하는 완전학습 프로그램

예를 들어 山(산/뫼 산)이라는 하나의 한자를 기탄한자 프로그램 내에서 총 37회의 학습 기회를 갖게 했습니다. 복습, 도입, 전개, 활용, 응용 등 다양한 학습의 장을 마련하여 아이들은 자신도 모르는 사이에 한자를 접하고 익히게 됩니다. 37회의 학습 기회는 한자를 완전학습으로 이끌어 주는 지름길이 됩니다.

다양한 놀잇감을 통한 입체적 놀이학습

기존의 주입식, 쓰기 일변도의 한자 학습법에서 벗어나 아이들의 오감을 자극하고 아이들이 학습의 주인공이 되는 부교재와 함께 학습합니다. 각 집(권)마다 한자 카드, 스티커는 물론, 한자어 카드와 모형 놀이, 창열기 놀이, 파노라마 놀이, 조각 한자 맞추기 놀이, 병풍 놀이, 브로마이드 등 패키지 학습물 수준의 놀잇감이 아이들의 학습을 재미로 이끌어 줍니다.

독립적인 복습호 운용과 학습 성취도 평가 시스템

4주마다 한 번씩 복습주를 편성하여 앞서 익힌 한자들을 기억하도록 구성하였습니다. 이미 학습한 한자를 시간의 흐름과 함께 잊어버리지 않도록 각 집(권)마다 1호씩 총복습의 기회를 갖게 합니다.
또, 복습호에서는 일정 기간 동안의 학습 성취도를 점검하는 형성평가를 구성하여 올바른 진도 진행을 도왔습니다. 엄마는 집(권)별 형성평가와 각 단계별 총괄평가를 통하여 우리 아이의 학습 상황을 점검하고 적절한 동기유발과 칭찬으로 진정한 엄마 선생님이 될 수 있습니다.

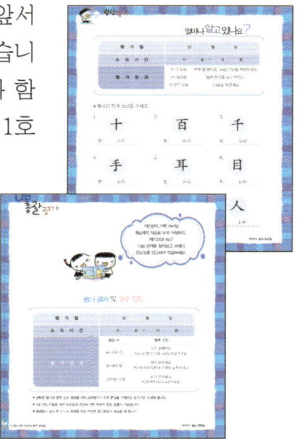

〈형성평가와 총괄평가〉

어렸을 때 배운 한자는 평생을 통해 활용됩니다
한자 학습의 중요성이 날로 높아지고 있습니다

● 한자 학습은 왜 필요할까요?

한자 학습은 이제 선택이 아닌 필수가 되었습니다. 우리의 언어 생활에 반드시 필요한 영역이라는 인식과 함께 한자가 지닌 학문적 전이성, 시대적 필요성 등이 재해석 되고 있기 때문입니다.

첫째, 우리말의 70% 이상이 한자어로 이루어졌기 때문에 기본적인 언어 생활에 도움을 줍니다. 곧 우리말을 바르게 이해하고 올바른 국어 생활을 하기 위해서는 한자를 아는 것이 필수적입니다.

둘째, 국어, 수학, 사회, 역사, 외국어 등 다른 학과 공부에 많은 도움을 줍니다. 예를 들어 수학을 공부할 때 분자(分子), 분모(分母), 분수(分數) 등 한자를 알고 있는 아이라면 수학의 개념도 훨씬 더 쉽고 정확하게 이해할 수 있습니다. 이렇게 한자는 타과목의 도구 교과적인 성격을 갖고 있습니다.

셋째, 어휘력과 이해력의 신장으로 문장 의미 파악이 쉬워져 책을 가까이 하는 아이로 만들어 줍니다. 한자는 조어력(造語力)과 의미 함축성이 매우 뛰어난 문자입니다. 이러한 이유로 전문서적이나 학술 용어 등은 한자로 표현되어 있습니다. 많은 양의 독서 경험은 곧 아이의 생각하는 힘과 창의력을 길러 줍니다.

넷째, 한자나 한문에는 선인들의 지혜와 윤리관이 배어 있어 바람직한 가치관과 예의범절을 배울 수 있습니다. 고전, 명문 속에 담긴 효행, 우애, 경로 등 사상적인 유산을 통해 바람직한 가치관을 가질 수 있고 나아가 사람이 해야 할 도리, 어른을 공경하는 자세, 학문을 배우는 자세 등도 익힐 수 있습니다.

● 한자 학습의 추세는 어떤가요?

한자 사용을 사대주의적 발상, 중국의 문자 차용이라고 보는 종전의 시각에서 벗어나 이제는 우리 언어의 일부라는 인식이 확대되어 초등학생부터 성인까지 한자 학습 열풍이 불고 있습니다.

첫째, 한자능력검정시험의 자격증이 국가 공인 자격증으로 인정됨에 따라 유아~성인에 이르기까지 한자 학습 붐이 일고 있습니다.

둘째, 21세기의 주역으로 한자 문화권이 급부상함에 따라 중국어, 일본어의 기초로서 한자 학습의 열기가 높아지고 있습니다. 한자는 세계인구의 1/4이 사용하고 있는 국제 문자로서 앞으로 그 중요성은 날로 높아질 것입니다.

셋째, 2005년부터 대학 수학 능력 시험 외국어 영역에 한문 과목이 추가되고 중·고등학교의 시험 출제 유형에서 논술 유형 출제 비중이 높아짐에 따라 한자 학습의 조기 교육이 일반화되어 가고 있는 상황입니다.

넷째, 대부분의 초등학교에서 재량시간으로 한자 학습을 시행하고 있습니다. 70년대 이후 한자 교육을 전혀 받지 못했던 부모님들과는 달리 현재 대부분의 초등학생들이 한자를 배우고 있습니다.

다섯째, 각종 공문서, 도로 표지판 등에 한자를 병기하는 국가 정책과 경제계, 교육계 등 각계의 한자 학습 요구에 대한 발표로 한자 학습의 중요성은 더욱 높아지고 있는 상황입니다.

한자 학습은 아이의 두뇌를 개발해 줍니다
한자 학습의 체계! 기탄한자가 잡아 줍니다

● 한자 학습의 효과는 무엇인가요?

▶ 한자는 그림에서 시작된 문자로서 구체적 이미지 자체가 곧 문자가 되었습니다. 이러한 시각적 이미지를 통한 학습은 곧 아동의 우뇌를 자극해 줍니다.

▶ 한자는 하나의 기초 개념에서 새로운 개념을 창출해 나갑니다. 이러한 과정을 통하여 아동의 창의력, 어휘력을 길러 줍니다.

▶ 한자는 저마다의 뜻, 소리, 모양을 각기 지닌 문자입니다. 이렇게 저마다의 뜻과 소리, 모양을 분석하는 연습을 통해 아동의 좌뇌 발달을 돕습니다.

▶ 한자는 부수와 몸이라는 수많은 부속품들의 조합으로 이루어진 문자입니다. 이러한 부속품들의 분리와 합체 과정을 통해 아이의 좌뇌를 발달하게 하고 논리력, 분석력을 키워 줍니다.

▶ 한자가 갖는 문자학적 특징은 조어력, 의미 함축성, 의미 명시성이 있습니다. 이미 만들어진 한자와 한자를 결합하여 새로운 단어를 만드는 조어력, 의미를 함축적으로 표현할 수 있는 의미 함축성, 의미가 바로 드러나는 의미 명시성이 있습니다.

한자 학습의 연구가 활발히 이루어지는 일본에서는 한자 학습의 시기가 빠를수록 좋다고 합니다. 그것은 우뇌 발달 시기인 6세 이전에 표의문자를 더 쉽게 받아들일 수 있으며, 초등학교 1학년 때가 가장 높은 효과를 보인다는 주장입니다. 그러므로 어른들의 관점으로 한자가 유아들에게 어렵다는 편견은 버려야 하며 한글을 어느 정도 읽을 수 있는 시기라면 한자 학습의 적기라고 할 수 있습니다.

● 기탄한자는 어떻게 구성되었나요?

▶ 기탄한자는 그림과 놀이로 시작하는 기초 한자 과정에서부터 고전명저의 명문장까지 한자 학습의 체계를 세우는 프로그램입니다. 중학교 교육용 한자 900자의 범위에서 기초한자(낱자)과정 ➔ 조어(교과서 한자어)과정 ➔ 문장(고전)과정의 학습까지 한자 학습의 체계를 세우는 학습목표로 개발되었습니다.

▶ 기초한자(낱자)과정(A단계~D단계)에서는 한자를 처음 시작하는 유아에서 한자 학습의 경험이 없는 초등학교 2학년생을 대상으로 상형자, 지사자 등 쉬운 개념의 기초한자 168자를 익히게 됩니다.
시각 이미지를 통한 그림한자의 각인과 다양한 부교재를 통한 놀이 학습으로 재미있게 학습하는 특성을 지니고 있습니다. 또, 최고의 일러스트와 세련된 디자인으로 아동의 정서적 심미감을 기를 수 있는 프로그램입니다. 기존의 한자 교재와는 차별화된 학습 효과를 얻을 수 있습니다.

▶ 조어(교과서 한자어)과정(E단계~G단계)에서는 총 90여권의 초등학교 교과서에 쓰인 모든 한자어를 사용 빈도와 한자 난이도에 따라 분석한 방대한 양의 데이터베이스를 갖추어 156자의 학습 한자와 530여 한자어를 선정하였습니다.

신출 한자와 이미 학습한 기출 한자를 조합하여 새로운 어휘를 만들어 내는 무궁무진한 조어(造語)의 원리를 아이가 스스로 깨달아 이해력과 어휘력이 높은 아이로 자라나게 해줍니다. 또 단편적인 한자 암기 학습에서 벗어나 국어, 수학, 사회, 과학 영역의 다양한 예문 학습과 창작 동화, 인물, 시, 신문, 고전이야기 등의 학습으로 학교 수업에 자신감을 길러 주고 나아가 어휘력, 사고력 향상으로 논술의 기초 능력까지 배양해 줍니다.

구성내용

A·B단계 교재별 구성내용은 이렇습니다

◆ 기탄한자 **A단계** 호별 학습 내용 및 부교재

집	호		학습 한자	학습 한자어	부교재
1집	1	1a ~ 12a	山, 川, 日	강산, 등산/ 하천, 산천/ 日기, 日월	한자 모형 놀이 한자 카드 한자어 카드
	2	13a ~ 24a	月, 火, 水	반月, 月급/ 火산, 火재/ 水영장, 水요일	
	3	25a ~ 36a	木, 金, 土	木수, 식木일/ 金구, 황金/ 국土, 土지	
	4	37a ~ 48a	복습+놀이 학습	복습	
2집	5	49a ~ 60a	一, 二, 三	一등, 통一/ 二층, 二학년/ 三각형, 三총사	한자 창열기 놀이 한자 카드 한자어 카드
	6	61a ~ 72a	四, 五, 六	四방, 四계절/ 五선지, 五월/ 六학년, 六반	
	7	73a ~ 84a	七, 八, 九	북두七성, 七면조/ 八도강산, 八방미인/ 九관조, 九구단	
	8	85a ~ 96a	복습+놀이 학습	복습	
3집	9	97a ~ 108a	十, 百, 千	十자가, 十월/ 百점, 百화점/ 千자문, 千리마	한자 파노라마 놀이 한자 카드 한자어 카드
	10	109a ~ 120a	耳, 目, 口	耳목, 耳비인후과/ 제目, 면目/ 식口, 출입口	
	11	121a ~ 132a	人, 手, 足	人간, 人형/ 手술, 선手/ 足구, 수足	
	12	133a ~ 144a	복습+놀이 학습	복습	
4집	13	145a ~ 156a	田, 石, 玉	유田, 대田/ 石공, 石굴암/ 백玉, 玉동자	한자 브로마이드 한자 카드
	14	157a ~ 168a	力, 大, 小	인力거, 풍力/ 大학생, 大가족/ 小아과, 小인국	
	15	169a ~ 180a	上, 中, 下	上의, 上행선/ 中국, 中심/ 下교, 下인	
	16	181a ~ 192a	복습+총괄 평가+놀이 학습	복습	

◆ 기탄한자 **B단계** 호별 학습 내용 및 부교재

집	호		학습 한자	학습 한자어	부교재
1집	1	1a ~ 12a	犬, 牛, 羊	충犬, 애犬/ 牛유, 牛마차/ 羊모, 백羊	한자 모형 놀이 한자 카드 한자어 카드
	2	13a ~ 24a	父, 母, 子	父모, 父자/ 母녀, 학부母/ 子녀, 여子	
	3	25a ~ 36a	生, 心, 身	生일, 선生/ 心신, 안心/ 身체, 身장	
	4	37a ~ 48a	복습+놀이 학습	복습	
2집	5	49a ~ 60a	車, 士, 己	車도, 자전車/ 군士, 박士/ 자己, 극己	한자 창열기 놀이 한자 카드 한자어 카드
	6	61a ~ 72a	自, 工, 門	自동차, 自연/ 목工, 工장/ 대門, 창門	
	7	73a ~ 84a	刀, 王, 白	단刀, 은장刀/ 王자, 국王/ 白지, 흑白	
	8	85a ~ 96a	복습+놀이 학습	복습	
3집	9	97a ~ 108a	魚, 貝, 鳥	인魚, 魚항/ 貝물, 貝총/ 백鳥, 길鳥	한자 파노라마 놀이 한자 카드 한자어 카드
	10	109a ~ 120a	主, 册, 雨	主인, 主객/ 册상, 공册/ 雨산, 雨의	
	11	121a ~ 132a	風, 里, 竹	風차, 강風/ 里장, 里정표/ 竹림, 竹도	
	12	133a ~ 144a	복습+놀이 학습	복습	
4집	13	145a ~ 156a	草, 花, 馬	약草, 草가/ 무궁花, 花원/ 경馬장, 馬부	한자 브로마이드 한자 카드
	14	157a ~ 168a	男, 女, 夕	男녀, 미男/ 소女, 선女/ 夕양, 추夕	
	15	169a ~ 180a	舌, 齒, 面	작舌차, 舌음/ 齒과, 충齒/ 가面, 수面	
	16	181a ~ 192a	복습+총괄 평가+놀이 학습	복습	

C·D단계 교재별 구성내용은 이렇습니다

◆ 기탄한자 **C단계** 호별 학습 내용 및 부교재

집	호		학습 한자	학습 한자어	부교재
1집	1	1a ~ 12a	文, 化, 言, 才	文人, 文身/ 化石, 문화/ 언어, 言論/ 다才, 천재	한자 맞추기 놀이 한자 카드 한자어 카드
	2	13a ~ 24a	兄, 弟, 交, 友	兄弟, 학부兄/ 의형弟, 弟자/ 交通, 외交/ 교友, 전友	
	3	25a ~ 36a	多, 少, 血, 肉	多情, 多少/ 少女, 노少/ 심血, 血육/ 肉식, 肉신	
	4	37a ~ 48a	복습+놀이 학습	복습	
2집	5	49a ~ 60a	出, 入, 內, 外	出구, 出생/ 入구, 出入/ 국內, 차內/ 外국, 內外	한자 병풍 놀이 한자 카드 한자어 카드
	6	61a ~ 72a	去, 來, 立, 坐	去來, 과去/ 來日, 미來/ 자立, 立동/ 정坐	
	7	73a ~ 84a	光, 明, 行, 步	光명, 풍光/ 문明, 明月/ 신行, 行진/ 步병, 步행	
	8	85a ~ 96a	복습+놀이 학습	복습	
3집	9	97a ~ 108a	天, 地, 江, 河	天사, 天국/ 천地, 地구/ 江산, 江촌/ 河천, 은河수	한자 주사위 놀이 한자 카드 한자어 카드
	10	109a ~ 120a	毛, 皮, 角, 蟲	毛피, 양毛/ 목皮, 皮혁/ 녹角, 직角/ 초蟲, 해蟲	
	11	121a ~ 132a	古, 今, 衣, 食	古목, 古서/ 고今, 今일/ 우衣, 하衣/ 외食, 초食	
	12	133a ~ 144a	복습+놀이 학습	복습	
4집	13	145a ~ 156a	君, 臣, 兵, 卒	君주, 君신/ 臣하, 충臣/ 兵사, 兵력/ 卒병, 卒업	한자 브로마이드 한자 카드
	14	157a ~ 168a	方, 向, 左, 右	지方, 方向/ 풍向, 남向/ 左우, 左향左/ 右회전, 좌右명	
	15	169a ~ 180a	本, 末, 分, 合	근本, 本인/ 末일, 본末/ 分교, 分수/ 合창, 合심	
	16	181a ~ 192a	복습+총괄 평가+놀이 학습	복습	

◆ 기탄한자 **D단계** 호별 학습 내용 및 부교재

집	호		학습 한자	학습 한자어	부교재
1집	1	1a ~ 12a	靑, 赤, 音, 色	靑산, 靑년/ 赤색, 赤십자/ 音악, 音색/ 백色, 色지	한자 맞추기 놀이 한자 카드 한자어 카드
	2	13a ~ 24a	住, 所, 姓, 名	의식住, 住택/ 所감, 장所/ 姓명, 백姓/ 名작, 지名	
	3	25a ~ 36a	利, 用, 有, 無	利용, 예利/ 공用, 식用/ 有명, 소有/ 無인도, 無례	
	4	37a ~ 48a	복습+놀이 학습	복습	
2집	5	49a ~ 60a	公, 平, 意, 思	公공, 公무원/ 平화, 平야/ 意견, 동意/ 思고, 思상	한자 병풍 놀이 한자 카드 한자어 카드
	6	61a ~ 72a	老, 弱, 貧, 富	老인, 원老/ 弱세, 노弱/ 貧약, 貧혈/ 富귀, 富자	
	7	73a ~ 84a	正, 直, 忠, 孝	正직, 正답/ 直선, 直각/ 忠성, 忠언/ 孝도, 孝녀	
	8	85a ~ 96a	복습+놀이 학습	복습	
3집	9	97a ~ 108a	前, 後, 走, 止	역前, 오前/ 오後, 식後/ 활走로, 경走/ 止혈, 금止	한자 주사위 놀이 한자 카드 한자어 카드
	10	109a ~ 120a	法, 道, 完, 全	法률, 法원/ 道로, 道덕/ 完승, 完성/ 全국, 안全	
	11	121a ~ 132a	善, 惡, 長, 短	善악, 善행/ 惡마, 惡몽/ 長검, 사長/ 장短, 短명	
	12	133a ~ 144a	복습+놀이 학습	복습	
4집	13	145a ~ 156a	世, 界, 國, 家	世계, 출世/ 외界, 정界/ 國왕, 國어/ 家족, 작家	한자 브로마이드 한자 카드
	14	157a ~ 168a	東, 西, 見, 聞	東서남북, 東해/ 西구, 西부/ 발見, 見학/ 신聞, 풍聞	
	15	169a ~ 180a	南, 北, 兒, 童	南극, 南대문/ 北극, 北상/ 유兒, 兒동/ 목童, 童화	
	16	181a ~ 192a	복습+총괄 평가+놀이 학습	복습	

구성내용

E단계 교재별 구성내용은 이렇습니다

◆ 기탄교과서한자 E단계 호별 학습 내용 및 부교재

집	호		학습 한자	학습 한자어		심화 영역		부교재
1집	1	1a~16a	寸京品市	寸 : 四寸, 外三寸, 四寸間 品 : 食品, 用品, 作品	京 : 上京, 京畿道, 京仁線 市 : 市內, 市場, 市立	창작동화	소중한 지폐 한 장 1	한자 카드 쓰기보따리 형성평가
						고사성어	水魚之交	
						시	사랑스런 추억 - 윤동주	
	2	17a~32a	巨具各曲	巨 : 巨人, 巨大, 巨木 各 : 各各, 各自, 各國	具 : 家具, 道具, 用具 曲 : 作曲, 曲線, 行進曲	창작동화	소중한 지폐 한 장 2	
						고사성어	他山之石	
						시	봄 - 빅토르 위고	
	3	33a~48a	可由原因	可 : 可能, 可決, 不可能 原 : 原子力, 原因, 草原	由 : 自由, 由來, 理由 因 : 原因, 因果, 要因	창작동화	슬기로운 재판 1	
						고사성어	見物生心	
						시	절정 - 이육사	
	4	49a~64a	복습	복습		창작동화	슬기로운 재판 2	
						고사성어	漁夫之利	
						시	동방의 등불 - 타고르	
2집	5	65a~80a	同求失反	同 : 同生, 同行, 合同 失 : 失手, 失明, 失言	求 : 求心力, 要求, 求人 反 : 反面, 反省, 反共	창작동화	닭이 사람과 함께 살게 된 이유 1	한자 카드 쓰기보따리 형성평가
						고사성어	五十步百步	
						시	접동새 - 김소월	
	6	81a~96a	告共首民	告 : 忠告, 原告, 告白 首 : 自首, 首弟子, 首相	共 : 共同, 公共, 共生 民 : 市民, 國民, 民心	창작동화	닭이 사람과 함께 살게 된 이유 2	
						고사성어	登龍門	
						시	눈 내린 아침 - 이인로	
	7	97a~112a	元先年回	元 : 元日, 元金, 元來 年 : 少年, 靑年, 一年	先 : 先生, 先山, 先王 回 : 一回用品, 河回, 回轉	창작동화	쇠를 먹는 쥐 1	
						고사성어	馬耳東風	
						시	눈 오는 저녁 - 김소월	
	8	113a~128a	복습	복습		창작동화	쇠를 먹는 쥐 2	
						고사성어	白眉	
						시	만돌이 - 윤동주	
3집	9	129a~144a	不非未必	不 : 不足, 不公平, 不平 未 : 未安, 未來, 未完成	非 : 非行, 是非, 非常口 必 : 必要, 生必品, 不必要	창작동화	세 친구 1	한자 카드 쓰기보따리 형성평가
						고사성어	多多益善	
						시	삶이 그대를 속일지라도 - 푸슈킨	
	10	145a~160a	知加字幸	知 : 知人, 知己, 告知 字 : 文字, 數字, 十字	加 : 加入, 加味, 加工 幸 : 多幸, 不幸, 幸福	창작동화	세 친구 2	
						고사성어	聞一知十	
						시	집 - 김영랑	
	11	161a~176a	表形味香	表 : 表面, 表情, 表明 味 : 意味, 風味, 口味	形 : 人形, 三角形, 地形 香 : 香水, 香氣, 香	창작동화	꼴강아지 1	
						고사성어	知音	
						시	올벼 고개 숙이고 - 이현보	
	12	177a~192a	복습	복습		창작동화	꼴강아지 2	
						고사성어	竹馬故友	
						시	행복 - 한용운	
4집	13	193a~208a	星軍相和	星 : 行星, 天王星, 北斗七星 相 : 首相, 人相, 色相	軍 : 軍人, 國軍, 軍士 和 : 平和, 和音, 共和國	창작동화	흰 코끼리의 전설	한자 카드 쓰기보따리 형성평가
						고사성어	千里眼	
						시	나그네의 밤 노래 - 괴테	
	14	209a~224a	單別命祖	單 : 單元, 名單, 食單 命 : 生命, 人命, 命令	別 : 別名, 別世, 分別 祖 : 先祖, 祖上, 祖父母	창작동화	뱀이 기어 다니게 된 이유 1	
						고사성어	朝三暮四	
						시	말 없는 청산이오 - 성혼	
	15	225a~240a	居章異再	居 : 住居, 居室, 同居 異 : 異常, 異意, 大同小異	章 : 文章, 圖章, 樂章 再 : 再生, 再活用, 再三	창작동화	뱀이 기어 다니게 된 이유 2	
						고사성어	一擧兩得	
						시	〈사랑〉을 사랑하여요 - 한용운	
	16	241a~256a	복습	복습		창작동화	뱀이 기어 다니게 된 이유 3	
						고사성어	溫故知新	
						시	삶의 아침인사 - 애너 리티셔 바볼드	

F단계 교재별 구성내용은 이렇습니다

◆ 기탄교과서한자 **F단계** 호별 학습 내용 및 부교재

집	호		학습 한자	학습 한자어		심화 영역		부교재
1집	1	1a~16a	仁 仙 信 休	仁 : 仁川, 仁祖, 仁君 信 : 信用, 自信, 信念	仙 : 仙女, 水仙花, 仙人 休 : 公休日, 休火山, 休息	창작동화 고사성어 전래동화	달밤에 엎은 행운 1 天高馬肥 빨간부채 파란부채	한자 카드 쓰기보따리 형성평가
	2	17a~32a	安 宅 官 容	安 : 未安, 安心, 安全 官 : 法官, 官家, 外交官	宅 : 住宅, 自宅, 宅地 容 : 容恕, 內容, 美容	창작동화 고사성어 전래동화	달밤에 엎은 행운 2 大器晩成 사만년둘 산 사람	
	3	33a~48a	海 洋 漁 洗	海 : 地中海, 東海, 海外 漁 : 漁夫, 漁村, 出漁	洋 : 東洋, 西洋, 海洋 洗 : 洗手, 洗車, 洗面	창작동화 고사성어 전래동화	백일홍 이야기 1 孟母三遷 소금을 만드는 맷돌	
	4	49a~64a	복습	복습		창작동화 고사성어 전래동화	백일홍 이야기 2 蛇足 우렁각시	
2집	5	65a~80a	他 位 俗 保	他 : 他人, 他地, 自他 俗 : 民俗, 風俗, 世俗	位 : 方位, 品位, 單位 保 : 保全, 安保, 保有	창작동화 고사성어 전래동화	꾀 많은 장님 1 梁上君子 꼭두각시와 목도령	한자 카드 쓰기보따리 형성평가
	6	81a~96a	守 室 客 定	守 : 守則, 保守, 守兵 客 : 主客, 客室, 客地	室 : 室內, 居室, 王室 定 : 一定, 決定, 安定	창작동화 고사성어 전래동화	꾀 많은 장님 2 良藥苦於口 잊으라 한 건 안 잊고	
	7	97a~112a	林 村 材 校	林 : 山林, 國有林, 竹林 材 : 木材, 石材, 人材	村 : 山村, 漁村, 民俗村 校 : 下校, 校長, 校門	창작동화 고사성어 전래동화	바보 영웅 이야기 1 座右銘 번쩍이	
	8	113a~128a	복습	복습		창작동화 고사성어 전래동화	바보 영웅 이야기 2 矛盾 고양이와 푸른 구슬	
3집	9	129a~144a	決 洞 注 流	決 : 決定, 決心, 可決 注 : 注文, 注意, 注目	洞 : 洞口, 洞長, 仁寺洞 流 : 上流, 交流, 流行	창작동화 고사성어 전래동화	괴물 잡은 이발사 同床異夢 임자가 따로 있는 요술 궤짝	한자 카드 쓰기보따리 형성평가
	10	145a~160a	便 作 使 代	便 : 便利, 便安, 大便 使 : 使用, 天使, 使臣	作 : 作心三日, 作用, 作品 代 : 古代, 代表, 代身	창작동화 고사성어 전래동화	수수께끼 하나 結草報恩 배나무골 이도령	
	11	161a~176a	念 志 感 想	念 : 信念, 記念, 一念 感 : 共感, 自信感, 所感	志 : 意志, 同志, 志士 想 : 回想, 思想, 感想	창작동화 고사성어 전래동화	행운을 찾아다니는 사나이 1 井中之蛙 하늘 나라 밭 구경	
	12	177a~192a	복습	복습		창작동화 고사성어 전래동화	행운을 찾아다니는 사나이 2 近墨者黑 송뭉치 꼬리가 된 토끼	
4집	13	193a~208a	計 記 語 詩	計 : 時計, 合計, 生計 語 : 用語, 國語, 言語	記 : 日記, 記入, 記念 詩 : 童詩, 詩人, 三行詩	창작동화 고사성어 전래동화	그림자 없는 탑 1 有備無患 은혜 갚은 까치	한자 카드 쓰기보따리 형성평가
	14	209a~224a	情 性 進 造	情 : 人情, 友情, 心情 進 : 行進, 進出, 先進國	性 : 性品, 性情, 女性 造 : 造成, 造形, 人造	창작동화 고사성어 전래동화	그림자 없는 탑 2 走馬看山 두 개가 된 금덩이	
	15	225a~240a	始 好 雲 雪	始 : 始作, 元始, 始祖 雲 : 星雲, 白雲, 靑雲	好 : 同好人, 好意, 好感 雪 : 白雪, 雪景, 雪山	창작동화 고사성어 전래동화	그림자 없는 탑 3 螢雪之功 구렁이 신랑	
	16	241a~256a	복습	복습		창작동화 고사성어 전래동화	그림자 없는 탑 4 苦盡甘來 바리공주	

구성내용

G단계 교재별 구성내용은 이렇습니다

◆ 기탄교과서한자 G단계 호별 학습 내용 및 부교재

집	호		학습 한자	학습 한자어	심화 영역		부교재
1집	1	1a~16a	果實夫婦美	果 : 成果, 果實, 靑果, 無花果　實 : 行實, 實力, 實生活, 口實　夫 : 工夫, 夫子, 夫人, 漁夫　婦 : 主婦, 夫婦, 婦人, 婦女子　美 : 美化員, 美國人, 美人, 美化	인물	마크 트웨인	한자 카드 쓰기보따리 형성평가
					창작동화	소가 골라준 새 신랑 1	
					고사성어	改過遷善	
					기사문	돈 더 버는 아내 집안일 더 한다	
	2	17a~32a	重要活動得	重 : 重要, 所重, 貴重, 重大　要 : 必要, 主要, 要求, 要所　活 : 活用, 生活, 活字, 活力　動 : 活動, 行動, 動力, 動作　得 : 所得, 利得, 得失	인물	어네스트 톰슨 시튼	
					창작동화	소가 골라준 새 신랑 2	
					고사성어	錦衣還鄕	
					기사문	컬러식품 좋아좋아	
	3	33a~48a	夜景成功者	夜 : 夜食, 白夜, 夜光, 夜行　景 : 風景, 光景, 山景, 雪景　成 : 成長, 作成, 合成, 完成　功 : 成功, 功臣, 年功, 功力　者 : 記者, 富者, 步行者, 老弱者	인물	에디슨	
					창작동화	소가 골라준 새 신랑 3	
					고사성어	管鮑之交	
					기사문	日 간사이 5색 체험관광	
	4	49a~64a	복습	복습	인물	퀴리부인	
					창작동화	소가 골라준 새 신랑 4	
					고사성어	刻舟求劍	
					기사문	재교육기관 노크 해보자	
2집	5	65a~80a	時間空氣集	時 : 日時, 時代, 同時, 時計　間 : 人間, 山間, 時間, 中間　空 : 空中, 空間, 空冊, 空想　氣 : 空氣, 香氣, 日氣, 大氣　集 : 文集, 集中, 詩集, 集合	인물	장영실	한자 카드 쓰기보따리 형성평가
					창작동화	거짓말 시합 1	
					고사성어	刮目相對	
					기사문	귀성길 차 안에서 게임 한판	
	6	81a~96a	現在協商事	現 : 表現, 現金, 現地, 出現　在 : 現在, 所在, 在京, 在來　協 : 協同, 協力, 協心, 協定　商 : 商人, 商品, 商去來, 協商　事 : 人事, 行事, 工事, 記事	인물	록펠러	
					창작동화	거짓말 시합 2	
					고사성어	吳越同舟	
					기사문	폴크스바겐 노·사 대협상	
	7	97a~112a	社會技能部	社 : 社長, 會社, 社交, 入社　會 : 大會, 社會, 面會, 立會　技 : 長技, 技法, 技術, 技能　能 : 技能, 能力, 可能, 才能　部 : 部分, 一部分, 外部, 一部	인물	콜럼버스	
					창작동화	말 잘 듣는 효자 1	
					고사성어	羊頭狗肉	
					기사문	국가중대사 국민합의가 필요	
	8	113a~128a	복습	복습	인물	앙리 뒤낭	
					창작동화	말 잘 듣는 효자 2	
					고사성어	完璧	
					기사문	시동 걸면 주행정보 쫙~	
3집	9	129a~144a	問答登場省	問 : 問安, 問題, 反問　答 : 問答, 答信, 正答, 回答　登 : 登山, 登校, 登用　場 : 市場, 工場, 入場, 場面　省 : 反省, 自省, 省墓	인물	리스트	한자 카드 쓰기보따리 형성평가
					창작동화	냄새 맡은 값 1	
					고사성어	指鹿爲馬	
					기사문	침체의 잠에 취한 라인강의 기적	
	10	145a~160a	春夏秋冬溫	春 : 春川, 春香, 立春, 靑春　夏 : 立夏, 春夏, 夏至　秋 : 秋夕, 秋風, 春秋　冬 : 冬至, 立冬, 春夏秋冬　溫 : 氣溫, 溫室, 溫水	인물	김홍도	
					창작동화	냄새 맡은 값 2	
					고사성어	塞翁之馬	
					기사문	스키장 잘 넘어져야 안 다친다	
	11	161a~176a	貴愛病死敬	貴 : 貴重, 高貴, 富貴, 貴人　愛 : 友愛, 愛國, 愛人, 愛犬　病 : 問病, 白血病, 病室, 病名　死 : 生死, 死亡者, 不死身, 病死　敬 : 恭敬, 敬老, 敬老席, 敬語	인물	안중근	
					창작동화	아버지의 유서 1	
					고사성어	難兄難弟	
					기사문	은행나무 천국 부석사 가는 길	
	12	177a~192a	복습	복습	인물	황희	
					창작동화	아버지의 유서 2	
					고사성어	四面楚歌	
					기사문	서울과 워싱턴 마음을 열 때가	
4집	13	193a~208a	物件發電書	物 : 古物, 文物, 人物　件 : 物件, 事件, 用件　發 : 發生, 出發, 發明, 發見　電 : 電力, 電子, 電車, 電氣　書 : 文書, 古書, 書名	인물	벤자민 프랭클린	한자 카드 쓰기보따리 형성평가
					창작동화	선행과 쾌락 1	
					고사성어	三顧草廬	
					기사문	대한민국은 배달천국	
	14	209a~224a	高低苦樂朝	高 : 高音, 高溫, 高貴, 高見　低 : 低溫, 低下, 低利, 低學年　苦 : 苦生, 苦心, 苦行　樂 : 音樂, 安樂, 樂山　朝 : 王朝, 朝夕, 朝會	인물	루소	
					창작동화	선행과 쾌락 2	
					고사성어	脣亡齒寒	
					기사문	중소기업 그곳에도 길이 있다	
	15	225a~240a	眞理學習賞	眞 : 眞情, 眞空, 眞心　理 : 心理, 原理, 眞理, 一理　學 : 學年, 學生, 入學, 見學　習 : 學習, 風習, 自習　賞 : 賞品, 孝行賞, 大賞, 賞金	인물	전봉준	
					창작동화	아가씨와 우유 1	
					고사성어	守株待兎	
					기사문	들리지! 눈 쌓은 숲 생명의 소리	
	16	241a~256a	복습	복습	인물	뢴트겐	
					창작동화	아가씨와 우유 2	
					고사성어	臥薪嘗膽	
					기사문	물건값 계산 … 약도 그리기 …	

학부모 여러분, <기탄한자>는 이렇게 지도해 주세요

1. 학습자의 능력보다 낮은 단계에서 시작하세요.

기탄한자 A~G단계는 기초 한자부터 초등학교 교과서에 쓰인 한자어를 학습하는 프로그램입니다. 한글을 아는 유아에서부터 한자 학습의 경험이 있는 초등학교 6학년 학생을 대상으로 개발되었습니다. 그러나 한자 학습의 경험이 있는 아이라도, 학습자의 경험이나 능력보다 낮은 단계에서 시작하는 것이 바람직합니다. 특히 각 단계의 1집부터 순차적으로 학습해 나가는 것은 매우 중요합니다. 간혹 학부모님의 판단에 따라 단계의 생략은 가능하지만 2, 3집부터 시작하는 것은 옳지 않은 진도 진행입니다. 아이가 학습에 부담을 느끼지 않고 한자 공부는 쉽고 재미있다는 느낌을 가질 수 있도록 A단계 1집에서부터 시작하는 것이 가장 이상적인 출발점입니다.

2. 복습호는 반드시 부모님이 함께 해 주세요.

각 집(권)마다 앞서 배운 한자의 복습호가 구성되어 있습니다. 복습호에서는 항상 형성평가를 실시하여 학습 수용도를 점검합니다. 이 때 부모님이 반드시 채점을 해 주시고, 결과에 따라 적절한 칭찬과 동기유발이 필요합니다. 또 복습주마다 구성된 놀잇감(A~D단계)으로 아이와 함께 놀아 주세요.

3. 교재 구입 즉시 분책하여 사용하세요.

<기탄한자>는 구입 즉시 분책하여 사용할 수 있도록 매주 학습할 분량이 별도의 책으로 특수제본(4in1시스템)되어 있습니다. 보통 책은 1번 제본하는 것으로 끝나지만 <기탄한자>는 무려 5번의 제본 과정을 거쳐 제작되었습니다. 각 호가 끝날 때마다 새 책으로 공부하게 되므로 아이에게 성취감과 기대감을 갖게 하고 학습 효과도 극대화시켜 줍니다.

4. 매일 일정한 시간에 규칙적으로 학습하게 하세요.

하루 5~10분을 학습하더라도 규칙적으로 학습하는 것이 중요합니다. 1호 분량이 1주일(5일) 학습 분량이므로 한번에 억지로 하지 않게 하고, 반대로 너무 많은 양을 한꺼번에 하는 것도 좋지 않습니다. 어렸을 때부터 조금씩 매일매일 공부하는 습관을 길러 주도록 합니다.

5. 부모님이 직접 지도해 주세요.

<기탄한자>는 교사 방문 학습지와는 달리 아이 스스로 공부하고 부모님이 체크하는 자율적인 학습 모델을 채택하고 있습니다. 따라서 타 학습지 회사에서는 지도교사에게만 제공하는 지도 지침을 해당 호에 상세히 실었습니다. 각 호의 첫 장에 실린 '이렇게 도와주세요', '이번 주 학습포인트'에서는 한 주 동안의 지도 요점이 기재되어 있고, 각 페이지의 하단에도 지도 요점, 주의 사항 등을 기재하였습니다. 학부모님들이 <기탄한자>의 기획의도, 학습목표, 지도방법 등을 쉽게 이해하고 아이들에게 가르치기 편하도록 최대한 배려하였습니다.

6. 이미 익힌 한자는 아이가 실생활 속에서 활용하게 하세요.

아이가 이미 익힌 한자는 실생활 속에서 최대한 많은 사용 기회를 갖게 해 줍니다. 알았던 한자도 오랫동안 사용하지 않으면 잊혀지게 됩니다. 학습된 한자를 신문, 책, 대중매체, 인쇄물 등을 활용하여 확인하게 하고 글을 쓸 때 알고 있는 한자로 표현해 볼 기회를 자주 갖도록 합니다.

단계별 학습 한자와 한자능력검정시험 급수 배정 안내

단계	학습 한자	급수 응시 가이드
A단계	• 8급 : 山, 日, 月, 火, 水, 木, 金, 土, 一, 二, 三, 四, 五, 六, 七, 八, 九, 十, 人, 大, 小, 中 • 7급 : 川, 百, 千, 口, 手, 足, 力, 上, 下 • 6급 · 6급II : 目, 石　• 5급 : 耳　• 4급II : 田, 玉	A단계에서는 상형자, 지사자 중심의 기초한자 36자를 익혔습니다. 이는 한자능력검정시험 배정한자 중 **8급, 7급 배정한자 31자**와 **상위급수 한자 5자**가 포함됩니다. 학습자의 학년, 나이, 학습수용도에 따라 8급, 7급 이내에서 응시용 수험서(기탄급수한자 빨리따기)로 준비한 후 자격증 취득에 도전해 보세요.
B단계	• 8급 : 父, 母, 生, 門, 王, 白, 女 • 7급 : 子, 心, 車, 自, 工, 主, 里, 草, 花, 男, 夕, 面 • 6급 · 6급II : 身, 風　• 5급 : 牛, 士, 己, 魚, 雨, 馬 • 4급II : 羊, 鳥, 竹, 齒　• 4급 : 犬, 冊, 舌 • 3급II : 刀　• 3급 : 貝	B단계에서는 상형자, 지사자 중심의 기초한자 36자를 익혔습니다. 이는 A단계 학습 한자부터 누적하면 한자능력검정시험 배정한자 중 **8급, 7급 배정한자 50자**와 **상위급수 한자 22자**가 포함됩니다. 학습자의 학년, 나이, 학습수용도에 따라 8급, 7급 이내에서 응시용 수험서(기탄급수한자 빨리따기)로 준비한 후 자격증 취득에 도전해 보세요.
C단계	• 8급 : 兄, 弟, 外 • 7급 : 文, 少, 出, 入, 內, 來, 立, 天, 地, 江, 食, 方, 左, 右 • 6급 · 6급II : 言, 才, 交, 多, 光, 明, 行, 角, 古, 今, 衣, 向, 本, 分, 合 • 5급 : 化, 友, 去, 河, 臣, 兵, 卒, 末 • 4급II : 血, 肉, 步, 毛, 蟲　• 4급 : 君　• 3급II : 坐, 皮	C단계에서는 형성자, 회의자를 중심으로 48자의 기초한자를 익혔습니다. 이는 A단계 학습 한자부터 누적하면 한자능력검정시험 배정한자 중 **7급 배정한자 67자**, **6급 · 6급II 배정한자 86자**와 **상위급수 한자 34자**를 익혔습니다. 학습자의 학년, 나이, 학습수용도에 따라 7급, 6급 · 6급II 이내에서 응시용 수험서(기탄급수한자 빨리따기)로 준비한 후 자격증 취득에 도전해 보세요.
D단계	• 8급 : 靑, 長, 國, 東, 西, 南, 北 • 7급 : 色, 住, 所, 姓, 名, 有, 平, 老, 正, 直, 孝, 前, 後, 道, 全, 世, 家 • 6급 · 6급II : 音, 利, 用, 公, 意, 弱, 短, 界, 聞, 童 • 5급 : 赤, 無, 思, 止, 法, 完, 善, 惡, 見, 兒 • 4급II : 貧, 富, 忠, 走	D단계에서는 형성자, 회의자를 중심으로 48자의 기초한자를 익혔습니다. 이는 A단계 학습 한자부터 누적하면 한자능력검정시험 배정한자 중 **7급 배정한자 91자**, **6급 · 6급II 배정한자 120자**와 **상위급수 한자 48자**를 익혔습니다. 학습자의 학년, 나이, 학습수용도에 따라 7급, 6급 · 6급II 이내에서 응시용 수험서(기탄급수한자 빨리따기)로 준비한 후 자격증 취득에 도전해 보세요.
E단계	• 8급 : 寸, 民, 先, 年, 軍　• 7급 : 市, 同, 不, 字, 命, 祖 • 6급 · 6급II : 京, 各, 由, 失, 反, 共, 幸, 表, 形, 和, 別, 章 • 5급 : 品, 具, 曲, 可, 原, 因, 告, 首, 元, 必, 知, 加, 相, 再 • 4급II : 求, 回, 非, 未, 味, 香, 星, 單　• 4급 : 巨, 居, 異	E단계에서는 형성자, 회의자를 중심으로 48자의 필수한자를 익혔습니다. 이는 A단계 학습 한자부터 누적하면 한자능력검정시험 배정한자 중 **7급 배정한자 102자**, **6급 · 6급II 배정한자 143자**와 **상위급수 한자 73자**를 익혔습니다. 학습자의 학년, 나이, 학습수용도에 따라 6급 · 6급II, 5급 이내에서 응시용 수험서(기탄급수한자 빨리따기)로 준비한 후 자격증 취득에 도전해 보세요.
F단계	• 8급 : 室, 校　• 7급 : 休, 安, 海, 林, 村, 洞, 便, 記, 語 • 6급 · 6급II : 信, 洋, 定, 注, 作, 使, 代, 感, 計, 始, 雪 • 5급 : 仙, 宅, 漁, 洗, 他, 位, 客, 材, 決, 流, 念, 情, 性, 雲 • 4급II : 官, 容, 俗, 保, 守, 志, 想, 詩, 進, 造, 好 • 4급 : 仁	F단계에서는 형성자, 회의자를 중심으로 48자의 필수한자를 익혔습니다. 이는 A단계 학습 한자부터 누적하면 한자능력검정시험 배정한자 중 **7급 배정한자 113자**, **6급 · 6급II 배정한자 165자**와 **상위급수 한자 99자**를 익혔습니다. 학습자의 학년, 나이, 학습수용도에 따라 6급 · 6급II, 5급 이내에서 응시용 수험서(기탄급수한자 빨리따기)로 준비한 후 자격증 취득에 도전해 보세요.
G단계	• 8급 : 學 • 7급 : 夫, 重, 活, 動, 時, 間, 空, 氣, 事, 問, 答, 登, 場, 春, 夏, 秋, 冬, 物, 電 • 6급 · 6급II : 果, 美, 夜, 成, 功, 者, 集, 現, 在, 社, 會, 部, 省, 溫, 愛, 病, 死, 發, 書, 高, 苦, 樂, 朝, 理, 習 • 5급 : 實, 要, 景, 商, 技, 能, 貴, 敬, 件, 賞 • 4급II : 婦, 得, 協, 低, 眞	G단계에서는 형성자, 회의자를 중심으로 60자의 필수한자를 익혔습니다. 이는 A단계 학습 한자부터 누적하면 한자능력검정시험 배정한자 중 **7급 배정한자 133자**, **6급 · 6급II 배정한자 210자**와 **상위급수 한자 114자**를 익혔습니다. 학습자의 학년, 나이, 학습수용도에 따라 6급 · 6급II, 5급 이내에서 응시용 수험서(기탄급수한자 빨리따기)로 준비한 후 자격증 취득에 도전해 보세요.

※ 이 표는 기탄한자 학습 후 한자능력검정시험 자격증 취득의 연계를 위한 지침입니다. 학습자의 학습경험이나 상태에 따라 개별적인 지침이 달라질 수 있습니다.

기탄한자 C단계 2집 49a~60a

5호

4 in 1 시스템

기탄한자는 학습효과를 극대화하기 위해 매주 학습할 분량이 별도의 책으로 특수제본되어 있습니다.

본 교재는 1권의 책 속에 1주일 학습할 분량의 교재 4권이 들어 있는 4 in 1 시스템으로 제본되어 있습니다. 따라서 4권의 책으로 분리되는 것이 정상적인 제본이며, 호별로 빼내어 학습하시면 아주 효과적입니다.

그림으로 익히고 놀이로 기억하는 입체 한자 학습 프로그램

기탄 한자

C2집
5호
49a-60a

공부한 날   월   일 ~   월   일

(원)교   반

이름   전화

www.gitan.co.kr

기초 탄탄한 교육 · 기초 탄탄한 학습
기탄교육

 # C단계에서 배울 한자입니다.

C단계

1집	文, 化, 言, 才	2집	出, 入, 內, 外	3집	天, 地, 江, 河	4집	君, 臣, 兵, 卒
	兄, 弟, 交, 友		去, 來, 立, 坐		毛, 皮, 角, 蟲		方, 向, 左, 右
	多, 少, 血, 肉		光, 明, 行, 步		古, 今, 衣, 食		本, 末, 分, 合
	복습		복습		복습		복습

※ 매주마다 학습한 한자를 누적하여 읽어 보세요.

학습진단 관리표

	훈음 읽기	훈음 쓰기	한자 쓰기	한자어 읽기	이번 주는?			
금주평가	Ⓐ 아주 잘함	Ⓐ 아주 잘함	Ⓐ 아주 잘함	Ⓐ 아주 잘함	● 학습방법	❶ 매일매일	❷ 가끔	❸ 한꺼번에 하였습니다.
	Ⓑ 잘함	Ⓑ 잘함	Ⓑ 잘함	Ⓑ 잘함	● 학습태도	❶ 스스로 잘	❷ 시켜서 억지로 하였습니다.	
	Ⓒ 보통	Ⓒ 보통	Ⓒ 보통	Ⓒ 보통	● 학습흥미	❶ 재미있게	❷ 싫증내며 하였습니다.	
	Ⓓ 노력해야 함	Ⓓ 노력해야 함	Ⓓ 노력해야 함	Ⓓ 노력해야 함	● 교재내용	❶ 적합하다고	❷ 어렵다고	❸ 쉽다고 하였습니다.

지도 교사가 부모님께 | 부모님이 지도 교사께

종합평가   Ⓐ 아주 잘함   Ⓑ 잘함   Ⓒ 보통   Ⓓ 노력해야 함

C2 집
49a-60a

이번 주에는 出 (날 출), 入 (들 입), 內 (안 내), 外 (밖 외)를 배워요.

이렇게 **도와** 주세요

1일차 49a~50b
- 지난 호에서 학습한 多, 少, 血, 肉을 복습합니다.
- 동화를 읽고 出, 入, 內, 外의 뜻과 소리를 알아봅니다.
- 한자 카드나 받아쓰기로 앞서 배운 한자를 복습합니다.

2일차 51a~52b
- 사물이 나가고 들어옴을 예로 들어 出과 入을 설명합니다.
- 入은 모양이 비슷한 한자인 人(사람 인), 八(여덟 팔)과 구별하도록 지도합니다

3일차 53a~54b
- 안과 밖의 상황을 예로 들어 內와 外를 설명합니다.
- 內는 内로 써도 통용됩니다.
- 出과 入, 內와 外는 서로 상대되는 뜻의 한자입니다.

4일차 55a~57b
- 57a에서 상황 그림 속에 알맞은 뜻, 소리를 지닌 한자를 찾아 쓰도록 합니다.
- 出, 入, 內, 外의 3요소, 자원, 필순을 익힙니다.

5일차 58a~60a
- 풀어보기를 통해 出, 入, 內, 外 학습을 마무리합니다.
- 한자 보따리에서 부수의 위치에 따른 명칭을 설명합니다.
- 부수의 명칭을 암기하도록 강요하지 않습니다.

다시 보기

선을 따라 접은 후 이루어지는 한자의 뜻과 소리를 쓰세요.

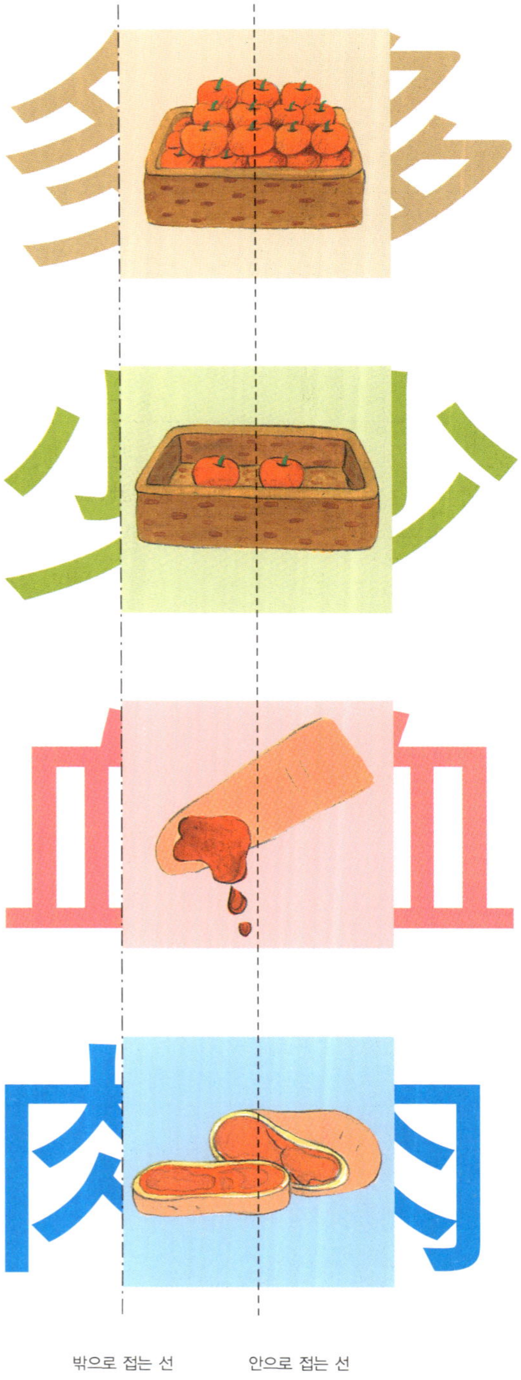

뜻: 많을 소리: 다

뜻: 소리:

뜻: 소리:

뜻: 소리:

밖으로 접는 선   안으로 접는 선

빈 곳에 스티커를 붙이고 빈 칸에 알맞게 쓰세요.

多	多	
많을 다	많을 다	

적을 소		

피 혈		

고기 육		

血　少　多　肉

• 지난 주에 익힌 多, 少, 血, 肉의 뜻, 소리, 모양을 복습합니다.

📄 동화를 읽고 같은 모양의 한자를 찾아 스티커를 붙이세요.

자동문

나는 자동문입니다.
언제나 백화점 한가운데에 서서 손님들을 맞지요.
나는 늦잠꾸러기입니다.
언제나 아침 10시까지 늦잠을 자기 때문이지요.
휙-싹-
내가 팔을 가볍게 움직일 때마다 손님들은 재빠르게 움직입니다.

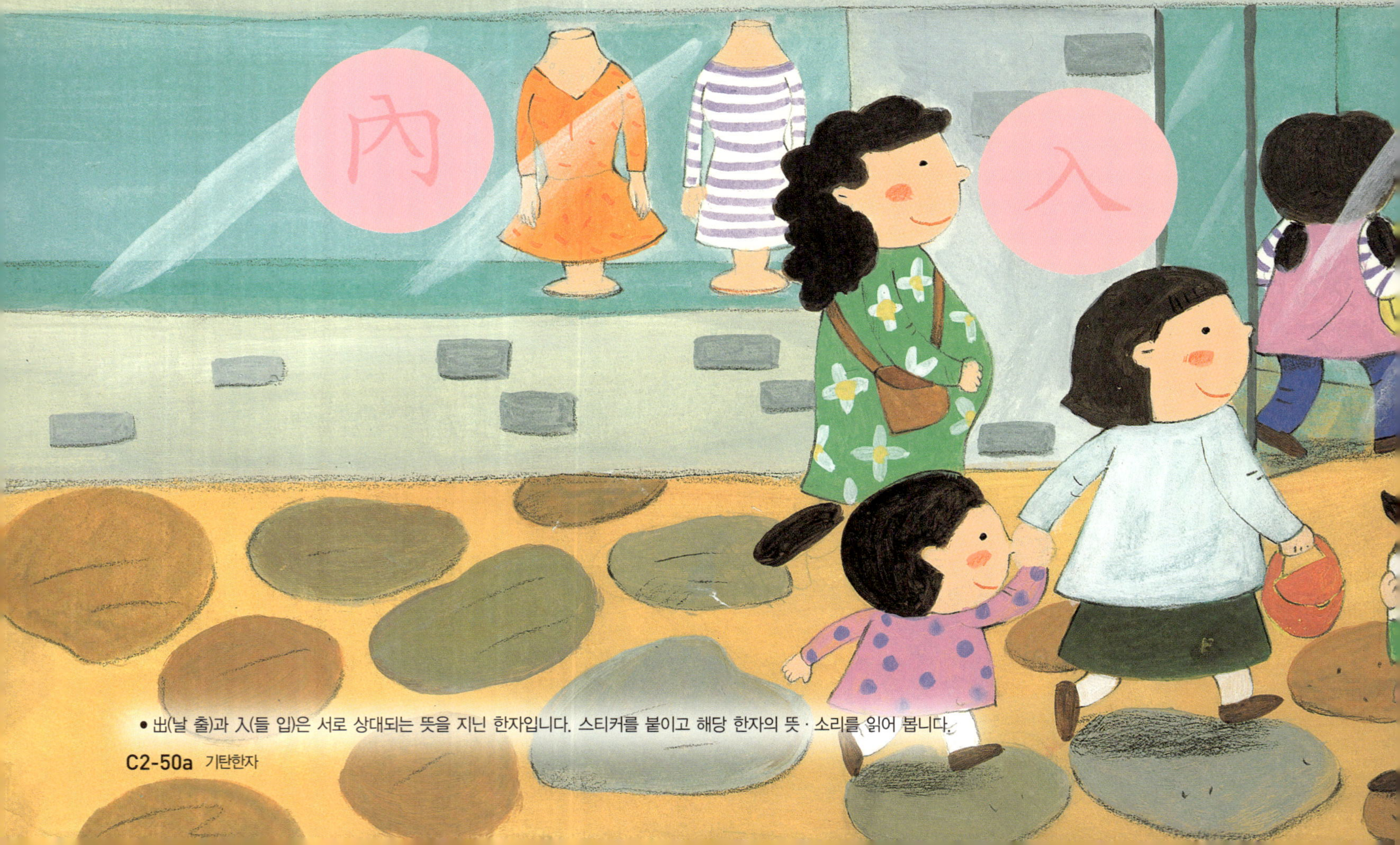

• 出(날 출)과 入(들 입)은 서로 상대되는 뜻을 지닌 한자입니다. 스티커를 붙이고 해당 한자의 뜻·소리를 읽어 봅니다.

나는 매우 바쁩니다.
백화점 안(內)으로 들어오려는(入) 손님들이 많기 때문이지요.
나는 행복합니다.
밖(外)으로 나가는(出) 사람들마다 예쁜 선물을 한아름 안고
행복한 미소를 짓기 때문이지요.

• 內(안 내)와 外(밖 외)도 상대되는 뜻을 지닌 한자입니다.

出 알아보기

🔊 빈 곳에 알맞은 스티커를 붙이고 한자의 뜻과 소리를 읽어 보세요.

뜻: 날   소리: 출

📖 出이 만들어진 유래를 알아보고 한자 스티커를 붙이세요.

고대인들은 동굴 속에서 살았는데, 한 발이 동굴 밖으로 나가는 것을 나타낸 한자입니다.

✏️ 순서대로 써 보세요.

● 出은 山(산/뫼 산)이 두 개가 모여 이루어진 한자가 아닙니다. 중심이 되는 세로 획을 먼저 씀에 유의합니다.

✏️ 出의 뜻, 소리, 모양을 쓰세요.

- **出**은 ___날(나가다)___ 을(를) 뜻합니다.
- **出**은 _____출_____ 이라고 읽습니다.
- 날 출은 _____出_____ 이라고 씁니다.

✏️ 빈 칸에 出을 쓰고, 出이 쓰인 한자어를 익혀 보세요.

出 구 : 나가는 어귀

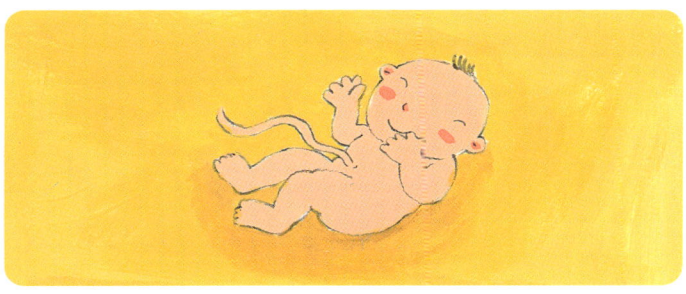

出 생 : 태아가 모체에서 태어남

✏️ 필순에 맞게 出을 써 보세요.

ㄴ부수-총 5획   丨 𠃌 屮 出 出

出
날 출

• 出은 '떠나가다, 태어나다'의 뜻도 있습니다.

기탄한자 C2-51b

入 알아보기

🔊 빈 곳에 알맞은 스티커를 붙이고 한자의 뜻과 소리를 읽어 보세요.

뜻: 들   소리: 입

📋 入이 만들어진 유래를 알아보고 한자 스티커를 붙이세요.

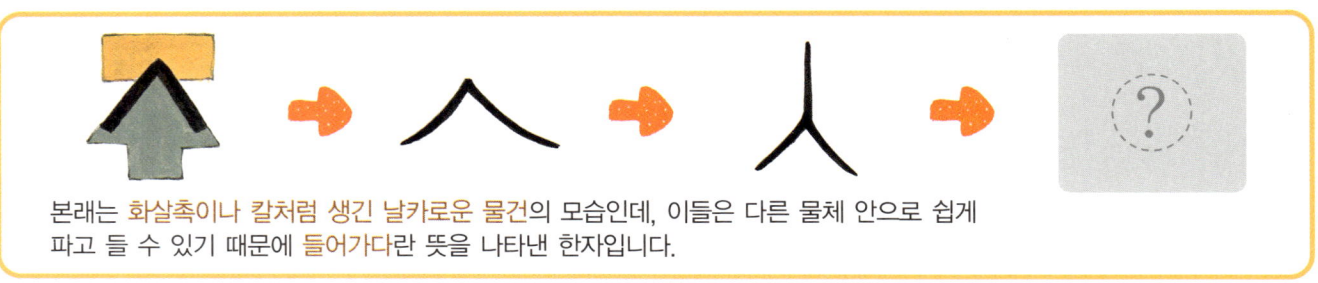

본래는 화살촉이나 칼처럼 생긴 날카로운 물건의 모습인데, 이들은 다른 물체 안으로 쉽게 파고 들 수 있기 때문에 들어가다란 뜻을 나타낸 한자입니다.

✏️ 순서대로 써 보세요.

• 入의 모양은 八(여덟 팔), 人(사람 인)과 구별하도록 합니다. 出과 入은 서로 상대되는 뜻을 가진 한자입니다.

📝 入의 뜻, 소리, 모양을 쓰세요.

- 入은 _____ 을(를) 뜻합니다.

- 入은 _____ 이라고 읽습니다.

- 들 입은 _____ 이라고 씁니다.

📝 빈 칸에 入을 쓰고, 入이 쓰인 한자어를 익혀 보세요.

☐ 구 : 들어가는 어귀

출 ☐ : 나가고 들어옴

📝 필순에 맞게 入을 써 보세요.

入부수 – 총 2획 　　　　　　ノ 入

들 입

• 入을 쓸 때는 ノ을 먼저 쓰고 ＼을 나중에 쓰도록 설명합니다. 人(사람 인)과 모양이 다름에 유의합니다.

內 알아보기

🔊 빈 곳에 알맞은 스티커를 붙이고 한자의 뜻과 소리를 읽어 보세요.

뜻 : 안   소리 : 내

📒 內가 만들어진 유래를 알아보고 한자 스티커를 붙이세요.

윗부분은 집(宀)의 모습이고 아랫부분은 들어간다(入)입니다. 집 안으로 들어간다는 뜻에서 안, 집안을 나타내게 된 한자입니다.

✏️ 순서대로 써 보세요.

• 內의 자원은 冂(멀 경) + 入(들 입)으로 경계 안으로 들어가다란 뜻으로 보는 견해도 있습니다.

📝 內의 뜻, 소리, 모양을 쓰세요.

- 內는 _____ 을 뜻합니다.
- 內는 _____ 라고 읽습니다.
- 안 내는 _____ 라고 씁니다.

📝 빈 칸에 內를 쓰고, 內가 쓰인 한자어를 익혀 보세요.

국 ☐ : 나라 안

차 ☐ : 기차나 자동차 따위의 안

📝 필순에 맞게 內를 써 보세요.

入부수 – 총 4획   ㅣ 冂 内 內

內
안 내

- 안 내의 모양은 內, 内, 內 모두 통용됩니다.

外 알아보기

🔊 빈 곳에 알맞은 스티커를 붙이고 한자의 뜻과 소리를 읽어 보세요.

뜻: 밖   소리: 외

📄 外가 만들어진 유래를 알아보고 한자 스티커를 붙이세요.

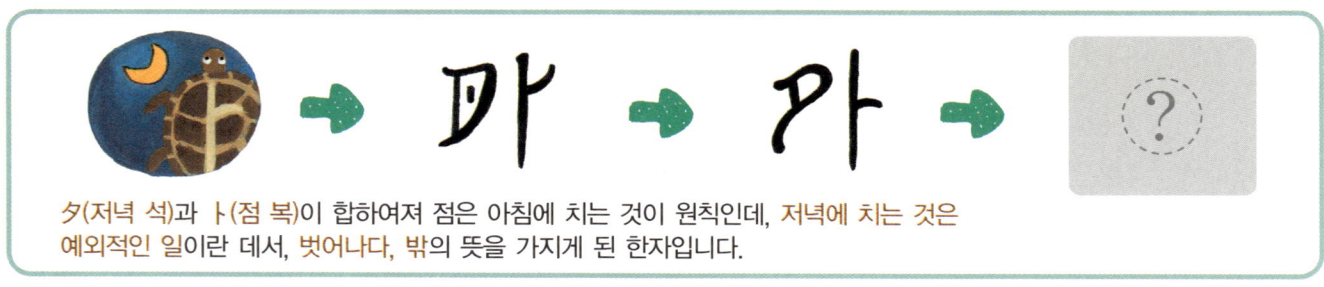

夕(저녁 석)과 卜(점 복)이 합하여져 점은 아침에 치는 것이 원칙인데, 저녁에 치는 것은 예외적인 일이란 데서, 벗어나다, 밖의 뜻을 가지게 된 한자입니다.

✏️ 순서대로 써 보세요.

● 外는 內와 서로 상대되는 뜻을 가진 한자입니다.

📝 外의 뜻, 소리, 모양을 쓰세요.

- 外는 _____ 을 뜻합니다.

- 外는 _____ 라고 읽습니다.

- 밖 외는 _____ 라고 씁니다.

📝 빈 칸에 外를 쓰고, 外가 쓰인 한자어를 익혀 보세요.

☐ 국 : 자기 나라 이외의 다른 국가

내 ☐ : 안과 밖

📝 필순에 맞게 外를 써 보세요.

夕부수－총 5획   ノ ク タ 夘 外

外
밖 외

• 內外라는 한자어는 '안과 밖, 부부, 대략, 쯤' 등의 뜻으로도 사용됩니다.

다지기

✏️ 빈 칸에 알맞은 뜻과 소리를 쓰세요.

出	날 출
入	
內	
外	

밖 외   안 내   날 출   들 입

• 한자의 모양과 그림을 보고 훈음을 연상할 수 있도록 합니다.

한자를 필순에 맞게 쓰세요.

날 출

들 입

안 내

밖 외

• 한자의 모양과 쓰는 순서를 다시 한번 연습합니다.

자원을 보고 빈 칸에 알맞게 쓰세요.

• 出, 内의 자원 해석은 다른 견해도 있습니다.

그림을 보고 알맞은 한자를 찾아 ◯하세요.

出 入 水 江

江 水 出 入

外 江 內 水

江 水 外 血

• 出은 入과 같은 상황에서, 內는 外와 같은 상황에서 익히면 쉽게 이해할 수 있습니다.

📝 빈 칸에 알맞은 한자를 쓰세요.

出　入　內　外

동화를 읽고 〈보기〉에서 알맞은 한자를 찾아 쓰세요.

황금알을 낳는 거위

어떤 욕심 많은 [多] 할머니에게 거위 한 마리가 생겼어요.

그런데 뜻밖에도 거위는 날마다 황금알을 한 개씩 낳았어요.

"거참, 신기하네! 어떻게 거위 배 안[內]에서 황금알이 나올까[出]?"

욕심 많은 할머니는 황금알을 팔아 부자가 되었어요.

할머니는 점점 욕심이 생겨 하루에 한 개씩만 황금[金]알을 낳는 거위가 미워졌어요.

"하루에 겨우 한 개만 낳을 게 뭐람! 매일 마을 밖[外] 시장에 내다 파는 것도 귀찮단 말이야.

거위가 황금알을 한꺼번에 여러 개 주르르 낳으면 얼마나 좋을까?

거위 뱃속에 들어가[入] 볼 수 있으면 좋을텐데…….

옳지, 분명 거위 뱃속에는 황금이 가득 차 있을 거야."

하고 거위 배를 갈라 보았으나 다른 거위 뱃속과 똑같았어요.

욕심 많은 할머니는 황금알은 하나도 얻지 못하고

후회해도 소용이 없었어요.

〈보기〉 內 出 入 多 金 外

• 一(하나), 里(마을), 生(낳았어요) 등을 한자로 변환해도 효과적입니다.

풀어보기

● 한자의 뜻과 소리를 쓰세요.

 뜻: _____ 소리: _____

入 뜻: _____ 소리: _____

 뜻: _____ 소리: _____

出 뜻: _____ 소리: _____

● 바르게 연결하세요.

 · · 出

 · · 內

 · · 入

 · · 外

● 빈 칸에 알맞은 한자를 쓰세요.

* 백화점이 세일을 시작하자 ☐입 口구 에는 사람들이 많아졌습니다.

* 동생이 태어나자마자 아버지께서는 ☐출 生생 신고를 하셨습니다.

* 어제 행사장에는 스무명 ☐내 外외 의 사람만 참석하였습니다.

* 지금 막 ☐외 國국 에서 돌아오는 길입니다.

● 뜻·소리에 알맞은 한자를 쓰세요.

날 출					
들 입					
안 내					
밖 외					

 漢字 보따리

부수 이야기 4

부수가 차지하고 있는 위치를 중심으로 읽어 보세요.

- 부수가 **윗부분**에 있으면 **머리**라고 합니다.

花	家	全
꽃 화	집 가	온전 전

(⺾ : 풀초 머리   宀 : 갓 머리   入 : 들입 머리)

- 부수가 **아랫부분**에 있으면 **발**이라고 합니다.

兄	思	然
형 형	생각 사	그럴 연

(儿 : 사람인 발   心 : 마음심 발   灬 : 불화 발)

- 글자의 둘레를 감싸는 부수를 **에운 담**(또는 몸)이라 합니다.

國	街	聞
나라 국	거리 가	들을 문

(口 : 큰 입구 몸,   行 : 다닐행 몸   門 : 문문 몸)
  또는 에워쌀 위

이외에도 받침(부수가 글자의 왼쪽 위에서 오른쪽 아래에 있는 한자 : 道, 造 등),
엄(부수가 글자의 위쪽과 왼쪽을 감싸고 있는 한자 : 居, 店 등)이 있습니다.

-계속-

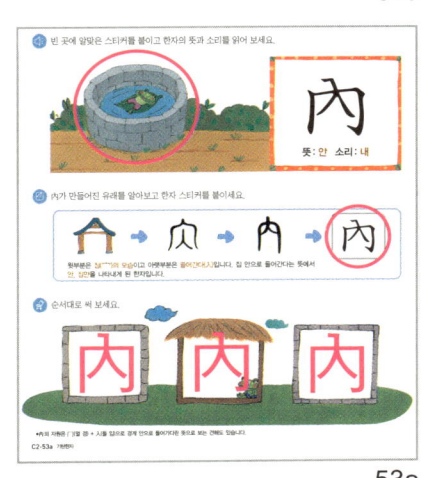
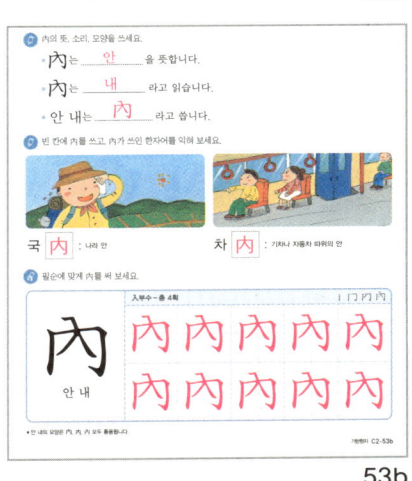

54b
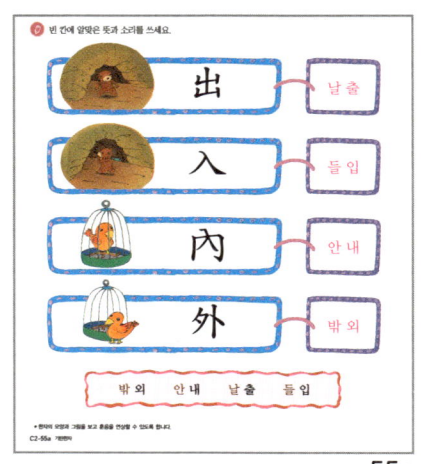
55a

55b
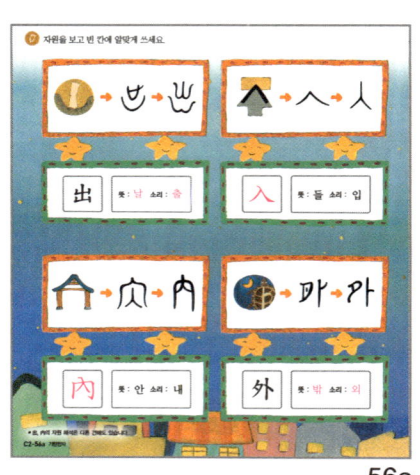
56a
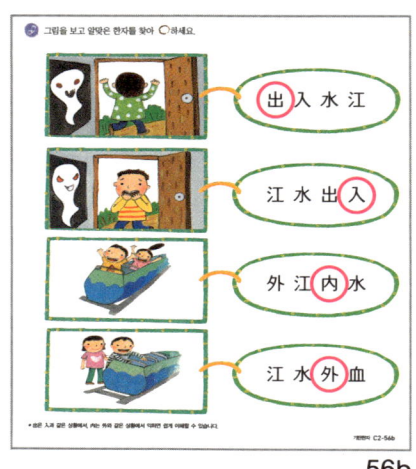
56b

57a

57b

58a
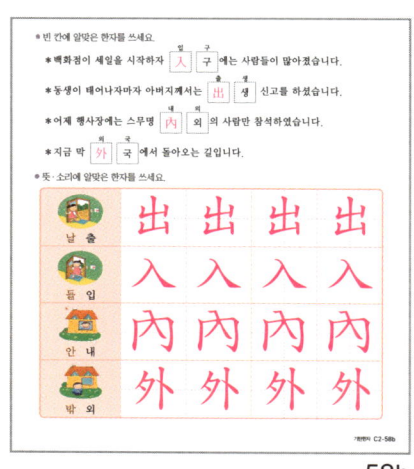
58b

出   入

內   外

기탄한자 C2집 5호 한자 카드

들 입
기탄한자 C2집 5호

날 출
기탄한자 C2집 5호

밖 외
기탄한자 C2집 5호

안 내
기탄한자 C2집 5호

出口

入口

國內

外國

기탄한자 C2집 5호 한자어 카드

입구
들어가는 어귀

入:들 입　口:입 구

기탄한자 C2집 5호

출구
나가는 어귀

出:날 출　口:입 구

기탄한자 C2집 5호

외국
자기 나라 이외의 다른 나라

外:밖 외　國:나라 국

기탄한자 C2집 5호

국내
나라 안

國:나라 국　內:안 내

기탄한자 C2집 5호

49b

50a
 內 안 내
 入 들 입

50b
 出 날 출
 外 밖 외

51a
 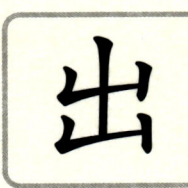 出

52a
  入

53a
  內

54a
 外

펴낸이 : 정지향
펴낸곳 : (주)기탄교육
기획·편집·디자인 : 기탄교육연구소
주소 : 06698 서울특별시 서초구 효령로 40 기탄출판센터
등록 : 제2000-000098호
전화 : (02) 586-1007
팩스 : (02) 586-2337

※서점에 갈 시간이 없거나 구하기 어려운 분은 인터넷 또는 전화로 신청하세요. 즉시 우송해 드립니다.
● www.gitan.co.kr

ⓒ (주)기탄교육 All rights reserved.
저작권자의 동의 없이 본 교재를 무단으로 복제하거나 전재하는 것을 금합니다.

받아쓰기

● 엄마가 뜻·소리를 부르고 아이가 한자를 써 보도록 합니다.

5호에서 배운 한자를 다시 한번 써 보세요.

出	出	出	出	出	出
날 출					

入	入	入	入	入	入
들 입					

內	內	內	內	內	內
안 내					

外	外	外	外	外	外
밖 외					

6호

기탄한자 C단계 2집 61a~72a

그림으로 익히고 놀이로 기억하는 입체 한자 학습 프로그램

기탄 한자

C2집
6호
61a-72a

공부한 날   월 일 ~ 월 일
           (원)교   반
이름   전화

www.gitan.co.kr

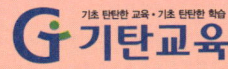
기탄교육

# C단계에서 배울 한자입니다.

		C단계					
1집	文, 化, 言, 才	2집	出, 入, 內, 外	3집	天, 地, 江, 河	4집	君, 臣, 兵, 卒
	兄, 弟, 交, 友		去, 來, 立, 坐		毛, 皮, 角, 蟲		方, 向, 左, 右
	多, 少, 血, 肉		光, 明, 行, 步		古, 今, 衣, 食		本, 末, 分, 合
	복습		복습		복습		복습

※ 매주마다 학습한 한자를 누적하여 읽어 보세요.

학습진단 관리표

	훈음 읽기	훈음 쓰기	한자 쓰기	한자어 읽기	이번 주는?
금주평가	Ⓐ 아주 잘함	Ⓐ 아주 잘함	Ⓐ 아주 잘함	Ⓐ 아주 잘함	● 학습방법 ❶ 매일매일 ❷ 가끔 ❸ 한꺼번에 하였습니다.
	Ⓑ 잘함	Ⓑ 잘함	Ⓑ 잘함	Ⓑ 잘함	● 학습태도 ❶ 스스로 잘 ❷ 시켜서 억지로 하였습니다.
	Ⓒ 보통	Ⓒ 보통	Ⓒ 보통	Ⓒ 보통	● 학습흥미 ❶ 재미있게 ❷ 싫증내며 하였습니다.
	Ⓓ 노력해야 함	Ⓓ 노력해야 함	Ⓓ 노력해야 함	Ⓓ 노력해야 함	● 교재내용 ❶ 적합하다고 ❷ 어렵다고 ❸ 쉽다고 하였습니다.

지도 교사가 부모님께	부모님이 지도 교사께

종합평가	Ⓐ 아주 잘함	Ⓑ 잘함	Ⓒ 보통	Ⓓ 노력해야 함

이번 주에는 去 (갈 거), 來 (올 래), 立 (설 립), 坐 (앉을 좌)를 배워요.

이렇게 **도와** 주세요

1일차 61a~62b
- 지난 호에서 학습한 出, 入, 内, 外를 복습합니다.
- 동화를 읽고 去, 來, 立, 坐의 뜻과 소리를 알아봅니다.
- 한자 카드나 받아쓰기로 앞서 배운 한자를 복습합니다.

2일차 63a~64b
- 去와 來의 뜻, 소리, 모양, 자원, 필순, 한자어를 익힙니다.
- 去와 來는 반대되는 뜻을 지닌 한자입니다.
- 본래 보리를 뜻하던 來는 '오다'의 뜻이 되고 보리는 麥(맥)으로 씁니다.

3일차 65a~66b
- 앉다, 서다의 동작을 통해서 坐, 立의 개념을 알게 합니다.
- 坐는 흙 위에 앉아 있는 사람 모양, 立은 서 있는 다리의 모습으로 기억을 도와 줍니다.

4일차 67a~69b
- 69a의 그림 속에서 가는 모습, 오는 모습, 앉아 있는 상황, 서 있는 상황을 먼저 이야기하고 한자를 쓰도록 합니다.
- 去, 來, 立, 坐의 3요소, 필순, 자원을 익힙니다.

5일차 70a~72a
- 풀어보기를 통해 아이의 학습 성취도를 알아봅니다.
- 한자 보따리의 모양이 변하는 한자 이해를 도와 줍니다.
- 8세 미만의 경우 부수 학습을 강요하지 않도록 합니다.

다시 보기

✏️ 선을 따라 접은 후 이루어지는 한자의 뜻과 소리를 쓰세요.

그림	
出	뜻:　　소리:
入	뜻:　　소리:
內	뜻:　　소리:
外	뜻:　　소리:

밖으로 접는 선　　안으로 접는 선

빈 곳에 스티커를 붙이고 빈 칸에 알맞게 쓰세요.

날 출		

들 입		

안 내		

밖 외		

外　入　內　出

• 지난 주에 익힌 出, 入, 內, 外의 뜻, 소리, 모양을 복습합니다.

들어가기

🔲 동화를 읽고 같은 모양의 한자를 찾아 스티커를 붙이세요.

마음대로 의자

당나귀가 바구니에 도토리를 담아 길을 **가고(去)** 있었어요.
얼마쯤 가다 보니 '마음대로 의자' 라고 씌어진 이상한 의자가 있었어요.
당나귀는 의자 위에 **앉아(坐)** 있다가 깜빡 잠이 들고 말았어요.
그 때 마침 곰이 마음대로 의자 옆을 지나가고 있었어요.
"와! 이거 정말 맛있겠는걸. 마음대로 의자니까 그냥 먹어도 되겠지."
곰은 바구니에 담겨 있던 도토리를 모두 먹어 버렸어요.
"어! 이걸 어쩌지? 바구니가 텅 비었으니…….
이 꿀이라도 놓고 가야지."
곰은 빈 바구니에 도토리 대신 꿀이 담긴 병을 넣어 두었어요.

● 한자 스티커를 붙이고 去, 來, 立, 坐의 뜻, 소리를 읽어 봅니다.

잠시 후 여우가 막 구운 뜨끈뜨끈한 빵을 들고 **왔어요(來)**.

여우는 곰이 놓고 간 꿀을 모두 냠냠 맛있게 먹었어요.

"야! 달콤하다. 그런데 미안한데……. 이 빵이라도 놓고 가야지."

조금 후에 다람쥐들이 밤을 잔뜩 가지고 왔어요.

다람쥐들은 빵을 맛있게 먹고 대신 밤을 가득 넣어 두었어요.

마침내 당나귀가 기지개를 켜며 일어**섰어요(立)**.

"야! 잘 잤다. 어, 이게 어떻게 된 일이지? 도토리가 모두 밤으로 바뀌었네."

당나귀는 어리둥절했어요.

● 도입 단계이므로 배우게 될 한자에 흥미를 갖게 하고 쓰거나 암기하게 하지 않습니다.

 去 알아보기

🔊 빈 곳에 알맞은 스티커를 붙이고 한자의 뜻과 소리를 읽어 보세요.

뜻: 갈 소리: 거

📖 去가 만들어진 유래를 알아보고 한자 스티커를 붙이세요.

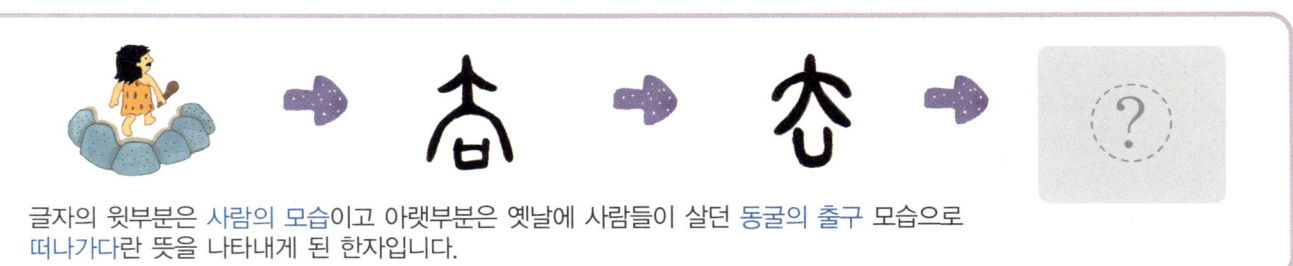

글자의 윗부분은 사람의 모습이고 아랫부분은 옛날에 사람들이 살던 동굴의 출구 모습으로 떠나가다란 뜻을 나타내게 된 한자입니다.

✏️ 순서대로 써 보세요.

📝 去의 뜻, 소리, 모양을 쓰세요.

- 去는 _____ 을(를) 뜻합니다.
- 去는 _____ 라고 읽습니다.
- 갈 거는 _____ 라고 씁니다.

📝 빈 칸에 去를 쓰고, 去가 쓰인 한자어를 익혀 보세요.

☐ 래 : 가고 옴, 물건을 사고 팖

과 ☐ : 지나간 때, 지난 날

📝 필순에 맞게 去를 써 보세요.

厶부수 - 총 5획

一 十 土 去 去

去
갈 거

來 알아보기

🔊 빈 곳에 알맞은 스티커를 붙이고 한자의 뜻과 소리를 읽어 보세요.

뜻 : 올 소리 : 래

📖 來가 만들어진 유래를 알아보고 한자 스티커를 붙이세요.

본래는 밀, 보리를 뜻하는 글자였으나 나중에 오다라는 뜻을 지니게 된 한자입니다.

✏️ 순서대로 써 보세요.

● 현재는 보리를 나타내는 한자로는 麥(보리 맥)을 씁니다. 去와 來는 서로 상대적인 뜻을 지닌 한자입니다.

📝 來의 뜻, 소리, 모양을 쓰세요.

- 來는 _____ 을(를) 뜻합니다.
- 來는 _____ 라고 읽습니다.
- 올 래는 _____ 라고 씁니다.

📝 빈 칸에 來를 쓰고, 來가 쓰인 한자어를 익혀 보세요.

☐ 일 : 오늘의 다음 날

미 ☐ : 현재를 기준으로 하여 아직 다가오지 않은 때, 장래

📝 필순에 맞게 來를 써 보세요.

人부수 - 총 8획

來
올 래

● 來가 첫소리로 쓰일 때는 '내'로 읽습니다. 예: 來日(내일)

立 알아보기

🔊 빈 곳에 알맞은 스티커를 붙이고 한자의 뜻과 소리를 읽어 보세요.

뜻 : 설 소리 : 립

📖 立이 만들어진 유래를 알아보고 한자 스티커를 붙이세요.

사람이 땅 위에 서 있는 모습을 큰 대(大)에 한 일(一)을 합하여 만든 한자입니다.

✏️ 순서대로 써 보세요.

• 立의 모양에서 곧게 서 있는 다리를 연상하도록 지도합니다.

- 立의 뜻, 소리, 모양을 쓰세요.

  - 立은 _____ 을(를) 뜻합니다.
  - 立은 _____ 이라고 읽습니다.
  - 설 립은 _____ 이라고 씁니다.

- 빈 칸에 立을 쓰고, 立이 쓰인 한자어를 익혀 보세요.

자 [ ] : 자기의 힘으로 해 나감

[ ] 동 : 겨울이 시작된다고 하는 24절기의 하나

- 필순에 맞게 立을 써 보세요.

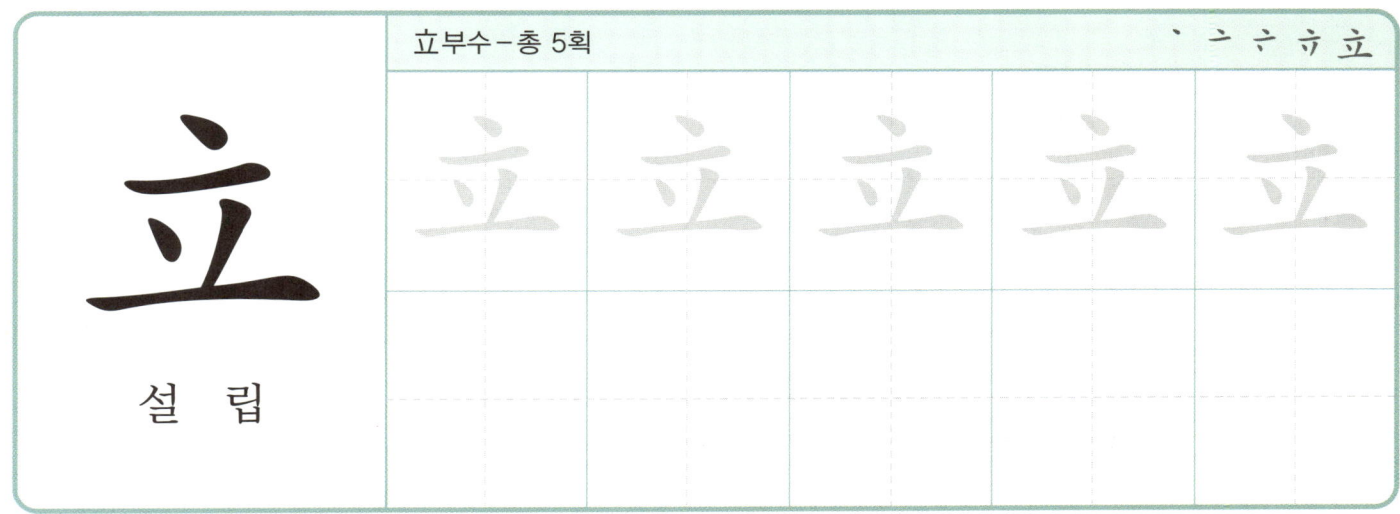

立부수 - 총 5획

立
설 립

- 立은 첫소리로 쓰이면 '입'으로 소리납니다. 예: 立席(입석), 立冬(입동)

坐 알아보기

🔊 빈 곳에 알맞은 스티커를 붙이고 한자의 뜻과 소리를 읽어 보세요.

뜻: 앉을   소리: 좌

📖 坐가 만들어진 유래를 알아보고 한자 스티커를 붙이세요.

흙 위에 두 사람이 마주 보고 앉아 있는 모양에서 흙 토(土)와 사람 인(人)을 합하여 만든 한자입니다.

✏️ 순서대로 써 보세요.

• 坐는 '앉는다'는 뜻의 동사이고 '자리, 위치' 등을 뜻하는 한자는 座(자리 좌)입니다.

🖊 坐의 뜻, 소리, 모양을 쓰세요.

- 坐는 _____ 을(를) 뜻합니다.
- 坐는 _____ 라고 읽습니다.
- 앉을 좌는 _____ 라고 씁니다.

🖊 빈 칸에 坐를 쓰고, 坐가 쓰인 한자어를 익혀 보세요.

정 ☐ : 몸가짐을 바르게 하고 앉음

🖊 필순에 맞게 坐를 써 보세요.

坐 앉을 좌 — 土부수-총 7획

- 사람 인(人) 두 자를 나란히 쓴 다음 흙 토(土)를 씁니다. (人 人人 坐)

다지기

빈 칸에 알맞은 뜻과 소리를 쓰세요.

坐	
立	
去	
來	

앉을 좌   갈 거   올 래   설 립

한자를 필순에 맞게 쓰세요.

갈 거
去

올 래
來

설 립
立

앉을 좌
坐

• 뜻, 소리를 읽으며 필순에 맞게 한자를 씁니다.

✏️ 자원을 보고 빈 칸에 알맞게 쓰세요.

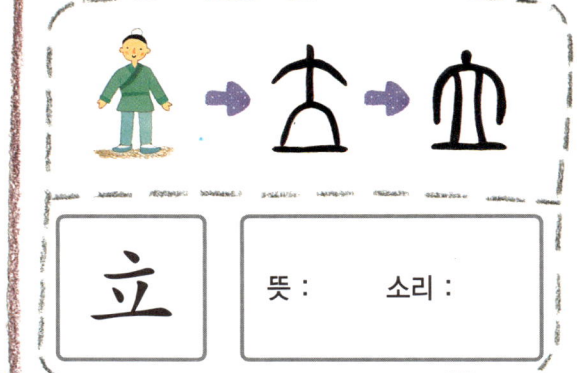
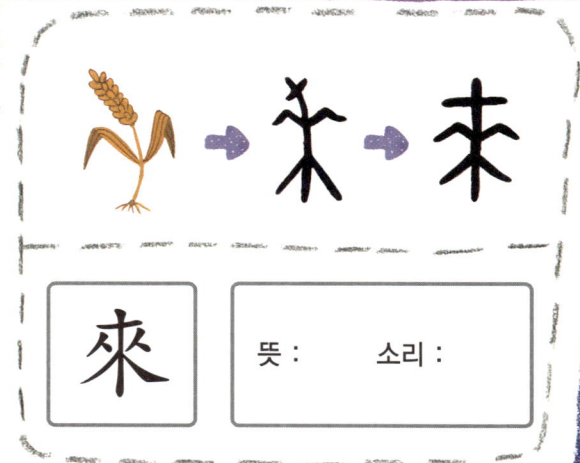

🖊 그림을 보고 알맞은 한자를 찾아 ◯ 하세요.

來 去 立 坐

工 坐 木 來

坐 來 立 去

去 立 來 坐

● 그림에서 가다, 오다, 서다, 앉다의 개념을 먼저 찾도록 합니다.

빈 칸에 알맞은 한자를 쓰세요.

去 來 坐 立

📝 동화를 읽고 〈보기〉에서 알맞은 한자를 찾아 쓰세요.

나그네와 나무

길에 나무 [木] 한 그루가 서 [立] 있었어요.

나무는 친구도 없이 혼자 서 있는 것이 언제나 외롭고 쓸쓸했어요.

더운 여름 날 나그네 두 사람이 길을 가고 [去] 있었어요.

"친구, 피곤해서 더 걸을 수가 없군. 저 나무 아래서 좀 쉬고 가세."

두 사람은 반가운 듯 나무에게로 다가 왔어요.

나무는 자기를 찾아 오는 [來] 두 나그네를 반갑게 맞이했어요.

시원한 그늘을 만들어 주고, 잎을 흔들며 바람 [風] 을 일으켜 주기도 했어요.

나그네들은 그 그늘에 앉아서 [坐] 땀을 식히고 더위를 잊으며 말했어요.

"이 나무가 무슨 나무지?"

"이건 플라타너스가 아닌가, 꽤 크긴 하지만 이 나무처럼 쓸모없는 나무도 없을걸.

과일 도 열리지 않고 재목 으로도 쓸 수 없으니 말이야."

"하하! 겉만 굉장했지, 아무 쓸모없는 나무로군!"

두 사람은 나무가 만들어 주는 그늘과 바람 덕분에 편안히 쉬면서도

고마움을 깨닫지 못했어요.

〈보기〉 來 去 坐 立 木 風

• 제시된 문항 외에 변환할 수 있는 한자를 적용해 봅니다.

풀어보기

● 한자의 뜻과 소리를 쓰세요.

來 뜻:＿＿＿ 소리:＿＿＿

去 뜻:＿＿＿ 소리:＿＿＿

立 뜻:＿＿＿ 소리:＿＿＿

坐 뜻:＿＿＿ 소리:＿＿＿

● 바르게 연결하세요.

 •   • 來

 •   • 坐

 •   • 立

 •   • 去

●빈 칸에 알맞은 한자를 쓰세요.

　＊앞으로 다가올 [미][래]에는 우주 여행도 가능할 것입니다.

　＊비가 너무 많이 와서 [거][래][량]이 줄었습니다.

　＊[입][동]은 이십사절기의 하나이다.

　＊[정][좌]하고 수행하는 스님을 보았습니다.

●뜻·소리에 알맞은 한자를 쓰세요.

갈 거					
올 래					
설 립					
앉을 좌					

부수 이야기 5

수리수리 마수리~~~ 부수의 모양이 변해요.

한자는 대단히 과학적이고 예술적인 문자입니다.

새로운 글자를 만들고 아름다운 글씨를 만들기 위해 부수의 모양이 변하는 한자가 있어요.
다른 한자와 합해졌을 때 모양이 변하는 한자를 알아볼까요?

人 → 亻 사람 인 ── 仁 어질 인 仙 신선 선 信 믿을 신 住 살 주

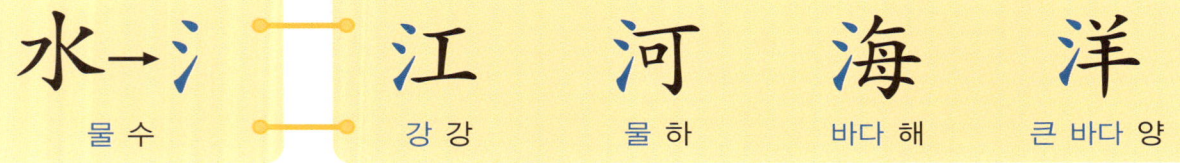

水 → 氵 물 수 ── 江 강 강 河 물 하 海 바다 해 洋 큰 바다 양

手 → 扌 손 수 ── 指 가리킬 지 授 줄 수 打 칠 타 投 던질 투

― 계속 ―

해답

C2집 61a-72a

61a 61b 63a

63b 64a 64b

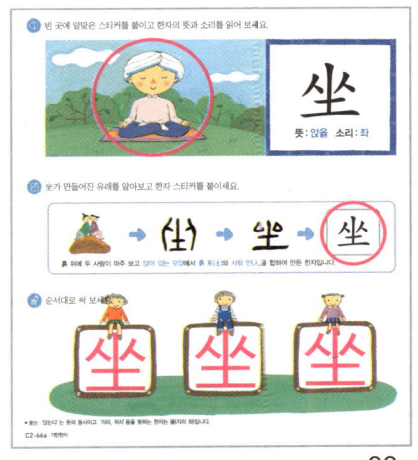

65a 65b 66a

기탄한자 C2-71b

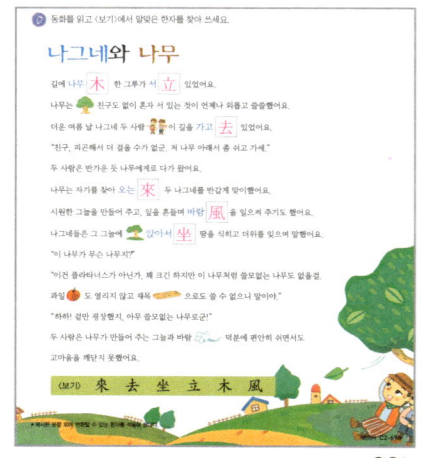

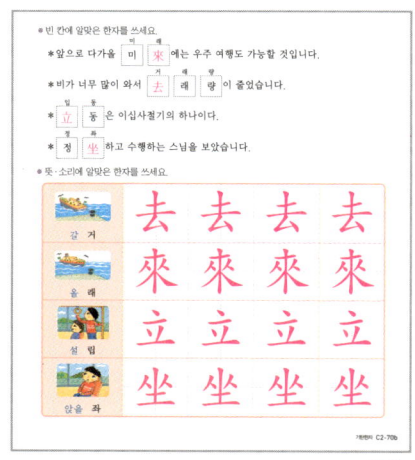

去

來

立

坐

來 올 래	去 갈 거
坐 앉을 좌	立 설 립

去來

來日

自立

正坐

내일
오늘의 다음 날

來 : 올 래   日 : 날(해) 일

거래
가고 옴.
물건을 사고 팖

去 : 갈 거   來 : 올 래

정좌
몸가짐을
바르게 하고 앉음

正 : 바를 정   坐 : 앉을 좌

자립
자기의 힘으로 해 나감

自 : 스스로 자   立 : 설 립

61b

62a

坐
앉을 좌

去
갈 거

62b

立
설 립

來
올 래

63a  去

64a 來

65a  立

66a  坐

 재미로 읽기

 올 래 來

펴낸이 : 정지향
펴낸곳 : (주)기탄교육
기획·편집·디자인 : 기탄교육연구소
주소 : 06698 서울특별시 서초구 효령로 40 기탄출판센터
등록 : 제2000-000098호
전화 : (02) 586-1007
팩스 : (02) 586-2337

※ 서점에 갈 시간이 없거나 구하기 어려운 분은 인터넷 또는 전화로 신청하세요. 즉시 우송해 드립니다.
● www.gitan.co.kr

ⓒ (주)기탄교육 All rights reserved.
저작권자의 동의 없이 본 교재를 무단으로 복제하거나 전재하는 것을 금합니다.

받아쓰기

● 엄마가 뜻·소리를 부르고 아이가 한자를 써 보도록 합니다.

6호에서 배운 한자를 다시 한번 써 보세요.

去 갈 거	去	去	去	去	去
來 올 래	來	來	來	來	來
立 설 립	立	立	立	立	立
坐 앉을 좌	坐	坐	坐	坐	坐

7호

기탄한자 C단계 2집 73a~84a

그림으로 익히고 놀이로 기억하는 입체 한자 학습 프로그램

기탄® 한자

C2집
7호

73a-84a

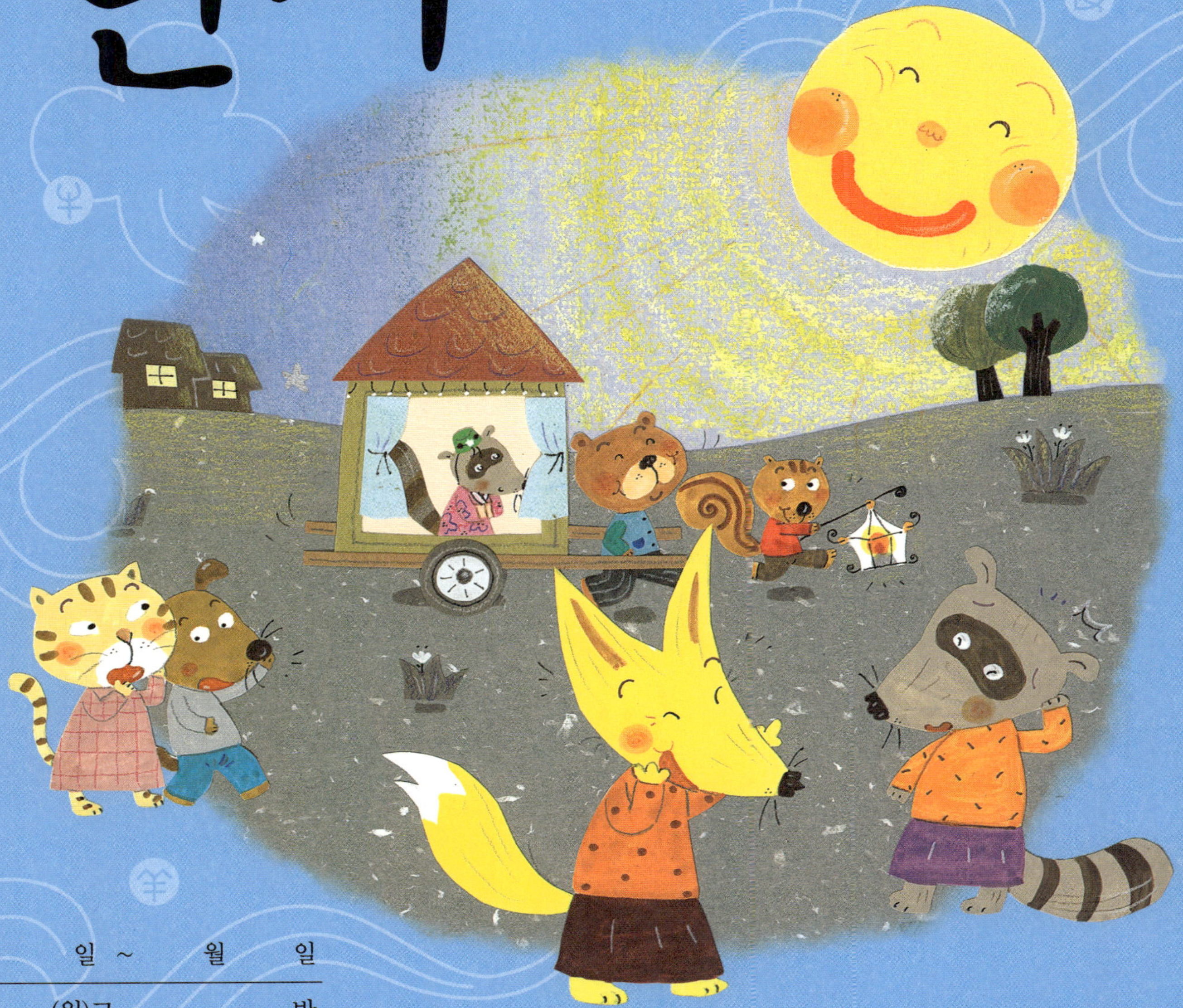

공부한 날	월	일 ~	월	일
		(원)교		반
이름		전화		

www.gitan.co.kr

기초 탄탄한 교육 · 기초 탄탄한 학습
기탄교육

C단계에서 배울 한자입니다.

	C단계						
1집	文, 化, 言, 才	2집	出, 入, 內, 外	3집	天, 地, 江, 河	4집	君, 臣, 兵, 卒
	兄, 弟, 交, 友		去, 來, 立, 坐		毛, 皮, 角, 蟲		方, 向, 左, 右
	多, 少, 血, 肉		光, 明, 行, 步		古, 今, 衣, 食		本, 末, 分, 合
	복습		복습		복습		복습

※ 매주마다 학습한 한자를 누적하여 읽어 보세요.

학습진단관리표

		훈음 읽기	훈음 쓰기	한자 쓰기	한자어 읽기	이번 주는?
금주평가		Ⓐ 아주 잘함	Ⓐ 아주 잘함	Ⓐ 아주 잘함	Ⓐ 아주 잘함	● 학습방법 ❶ 매일매일 ❷ 가끔 ❸ 한꺼번에 하였습니다.
		Ⓑ 잘함	Ⓑ 잘함	Ⓑ 잘함	Ⓑ 잘함	● 학습태도 ❶ 스스로 잘 ❷ 시켜서 억지로 하였습니다.
		Ⓒ 보통	Ⓒ 보통	Ⓒ 보통	Ⓒ 보통	● 학습흥미 ❶ 재미있게 ❷ 싫증내며 하였습니다.
		Ⓓ 노력해야 함	Ⓓ 노력해야 함	Ⓓ 노력해야 함	Ⓓ 노력해야 함	● 교재내용 ❶ 적합하다고 ❷ 어렵다고 ❸ 쉽다고 하였습니다.

지도 교사가 부모님께　　　　　　　　　　　　　　　　　부모님이 지도 교사께

종합평가	Ⓐ 아주 잘함	Ⓑ 잘함	Ⓒ 보통	Ⓓ 노력해야 함

이번 주에는 光 (빛 광), 明 (밝을 명), 行 (다닐 행), 步 (걸을 보)를 배워요.

이렇게 도와 주세요

1 일차 73a~74b
- 지난 호에서 학습한 去, 來, 立, 坐를 복습합니다.
- 동화를 읽고 光, 明, 行, 步의 뜻과 소리를 알아봅니다.
- 한자 카드나 받아쓰기로 앞서 배운 한자를 복습합니다.

2 일차 75a~76b
- 光, 明의 뜻, 소리, 모양, 필순, 자원, 한자어를 학습합니다.
- 明은 日(날/해 일)과 月(달 월)로 분리할 수 있는지 확인합니다.

3 일차 77a~78b
- 行, 步의 뜻, 소리, 모양, 필순, 자원, 한자어를 학습합니다.
- 行은 돌림을 뜻하는 '항렬 항'으로 쓰이기도 합니다.

4 일차 79a~81b
- 光, 明, 行, 步의 3요소, 필순, 자원을 익힙니다.
- 光과 明, 行과 步는 비슷한 뜻을 지닌 한자입니다.

5 일차 82a~84a
- 풀어보기를 통해 光, 明, 行, 步 학습의 성취도를 알아봅니다.
- 한자 보따리의 부수 모양 변화를 이해하도록 도와 줍니다.
- 재미로 읽기를 통하여 한자 학습에 흥미를 느끼도록 합니다.

다시 보기

선을 따라 접은 후 이루어지는 한자의 뜻과 소리를 쓰세요.

뜻:　　　소리:

뜻:　　　소리:

뜻:　　　소리:

뜻:　　　소리:

밖으로 접는 선　　안으로 접는 선

📋 빈 곳에 스티커를 붙이고 빈 칸에 알맞게 쓰세요.

갈 거		

올 래		

설 립		

앉을 좌		

立　來　去　坐

• 지난 주에 익힌 去, 來, 立, 坐의 3요소를 바르게 알고 있는지 확인합니다.

📖 동화를 읽고 같은 모양의 한자를 찾아 스티커를 붙이세요.

등불 때문에

눈이 많이 내린 어느 날 밤이었어요.

까만 밤하늘에 별만 초롱초롱 **빛나고(光)** 있었어요.

오늘은 여우의 딸이 시집가는 날이에요.

동물 친구들은 빨간 등불을 들고 신부가 탄 가마를 따라 **걸어(步)** 갔어요.

흰 눈 위에 빨간 등불을 비추니까 아름다웠어요.

옆집에 사는 너구리가 여우에게 말했어요.

"여우님, 제 딸도 곧 시집을 가게 되는데 빨간 등불 좀 빌려주시겠어요?"

"정말 축하해요. 그런 기쁜 일이 있는데 얼마든지 빌려드려야지요."

• 동화를 읽고 문장 속에서의 한자의 뜻을 알아봅니다.

너구리 딸이 시집가는 날 밤에는 보름달이 **밝게**(明) 비추었어요.
"하하하, 이렇게 밝은 달밤에 저 등불은 왜 들었지?"
"그러게나 말이야. 하나도 아름다워 보이지 않는군."
동물 친구들은 이렇게 수근거렸어요.
잔뜩 화가 난 너구리는 여우를 찾아갔어요.
"여우씨, 이 등불이 지난 번 그 등불 맞아요?"
"너구리씨, 이렇게 밝은 밤에 등불을 들고
다니면(行) 아름답지 않아요.
등불은 어두운 밤에 켜야 아름답지요."
너구리는 자기의 실수를 깨닫고
부끄러워 얼굴이 달아올랐어요.

 光 알아보기

🔊 빈 곳에 알맞은 스티커를 붙이고 한자의 뜻과 소리를 읽어 보세요.

뜻: 빛   소리: 광

📖 光이 만들어진 유래를 알아보고 한자 스티커를 붙이세요.

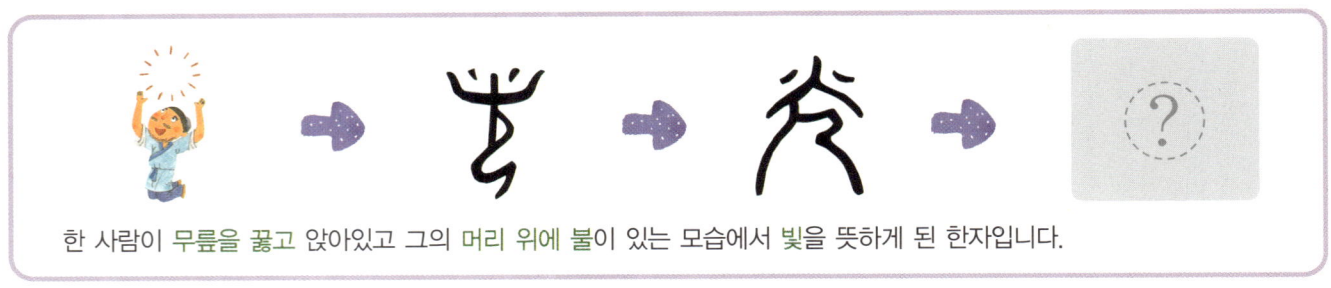

한 사람이 무릎을 꿇고 앉아있고 그의 머리 위에 불이 있는 모습에서 빛을 뜻하게 된 한자입니다.

✏️ 순서대로 써 보세요.

✏️ 光의 뜻, 소리, 모양을 쓰세요.

- 光은 _____ 을 뜻합니다.
- 光은 _____ 이라고 읽습니다.
- 빛 광은 _____ 이라고 씁니다.

✏️ 빈 칸에 光을 쓰고, 光이 쓰인 한자어를 익혀 보세요.

☐ 명 : 앞날의 밝은 희망, 밝고 환함

풍 ☐ : 경치, 자연의 아름다운 모습

✏️ 필순에 맞게 光을 써 보세요.

光
빛 광

ㄦ 부수 - 총 6획

丨 ㄣ ㅛ 굔 ∀ 光

• 광명은 부처나 보살의 몸에서 나는 광채를 뜻하기도 합니다.

 明 알아보기

🔊 빈 곳에 알맞은 스티커를 붙이고 한자의 뜻과 소리를 읽어 보세요.

뜻: 밝을 소리: 명

📖 明이 만들어진 유래를 알아보고 한자 스티커를 붙이세요.

해(日)와 달(月)이 함께 있음에서 밝음을 나타낸 한자입니다.

✏️ 순서대로 써 보세요.

• 明의 자원은 여러 가지 견해가 있습니다. 아이들의 이해를 돕기 위해 해와 달의 합성으로 설명합니다.

📝 明의 뜻, 소리, 모양을 쓰세요.

- 明은 _____ 을(를) 뜻합니다.

- 明은 _____ 이라고 읽습니다.

- 밝을 명은 _____ 이라고 씁니다.

📝 빈 칸에 明을 쓰고, 明이 쓰인 한자어를 익혀 보세요.

문 [ ] : 인간의 외면적인 생활 조건이나 질서에 대한 물질 문화

[ ] 월 : 밝은 달, 보름달

📝 필순에 맞게 明을 써 보세요.

日부수 – 총 8획   ㅣ 冂 日 日 明 明 明 明

明 밝을 명

- 明은 왼쪽에서 오른쪽으로 순서대로 써 나갑니다.

行 알아보기

🔊 빈 곳에 알맞은 스티커를 붙이고 한자의 뜻과 소리를 읽어 보세요.

뜻 : 다닐/항렬   소리 : 행/항

📄 行이 만들어진 유래를 알아보고 한자 스티커를 붙이세요.

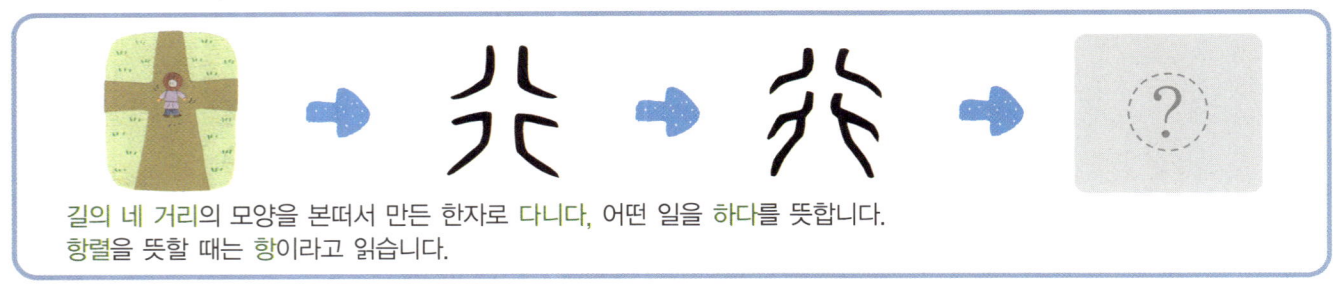

길의 네 거리의 모양을 본떠서 만든 한자로 다니다, 어떤 일을 하다를 뜻합니다.
항렬을 뜻할 때는 항이라고 읽습니다.

✏️ 순서대로 써 보세요.

● '항렬'은 '친족 등급의 차례'를 나타내는 말입니다.

📝 行의 뜻, 소리, 모양을 쓰세요.

- 行은 _____ 을(를) 뜻합니다.
- 行은 _____ 이라고 읽습니다.
- 다닐/항렬 행/항은 _____ 이라고 씁니다.

📝 빈 칸에 行을 쓰고, 行이 쓰인 한자어를 익혀 보세요.

산 ☐ : 산에 감

☐ 진 : 여럿이 줄을 지어 앞으로 나아감

📝 필순에 맞게 行을 써 보세요.

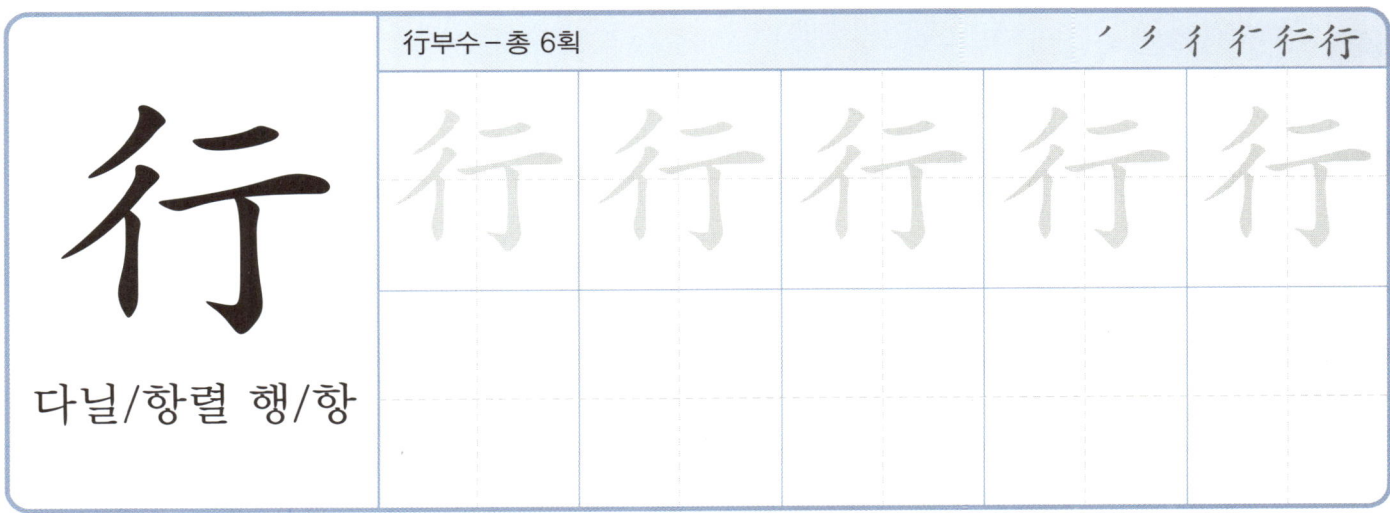

行부수 – 총 6획

行
다닐/항렬 행/항

• 行의 다른 뜻, 소리인 '항렬 항'은 나이가 어린 경우에는 굳이 설명하지 않도록 합니다.

 步 알아보기

🔊 빈 곳에 알맞은 스티커를 붙이고 한자의 뜻과 소리를 읽어 보세요.

뜻: 걸을   소리: 보

📖 步가 만들어진 유래를 알아보고 한자 스티커를 붙이세요.

두 발을 각각 한 번씩 들어 앞으로 나아간 것을 나타낸 데서 걸음을 뜻합니다.

✏️ 순서대로 써 보세요.

● 步는 '걷다'는 뜻이고 走(주)는 '달리다'라는 뜻의 한자입니다. 步에서 아래 모양이 少(적을 소)가 아니라 少 임을 유의합니다.

📝 步의 뜻, 소리, 모양을 쓰세요.

- 步는 _____ 을(를) 뜻합니다.

- 步는 _____ 라고 읽습니다.

- 걸을 보는 _____ 라고 씁니다.

📝 빈 칸에 步를 쓰고, 步가 쓰인 한자어를 익혀 보세요.

☐ 步병 : 소총이나 기관총 등을 가지고 싸우는 육군의 주력 부대

☐ 步행 : 걸어 감

📝 필순에 맞게 步를 써 보세요.

止부수 – 총 7획

步 걸을 보

• 步는 필순에 유의하여 쓰기 연습을 합니다.

다지기

✏️ 빈 칸에 알맞은 뜻과 소리를 쓰세요.

한자	뜻과 소리
光	
明	
行	
步	

걸을 보   빛 광   다닐/항렬 행/항   밝을 명

한자를 필순에 맞게 쓰세요.

 걸을 보

 밝을 명

 다닐 행 / 항렬 항

 빛 광

• 한자의 쓰는 순서를 다시 한번 연습합니다.

📝 자원을 보고 빈 칸에 알맞게 쓰세요.

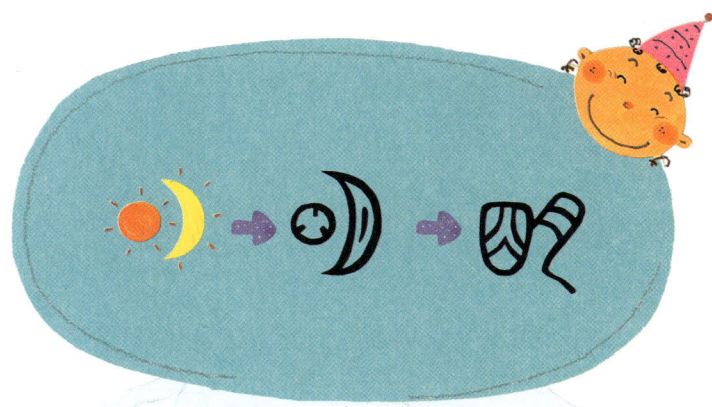

光 뜻: 소리:

明 뜻: 소리:

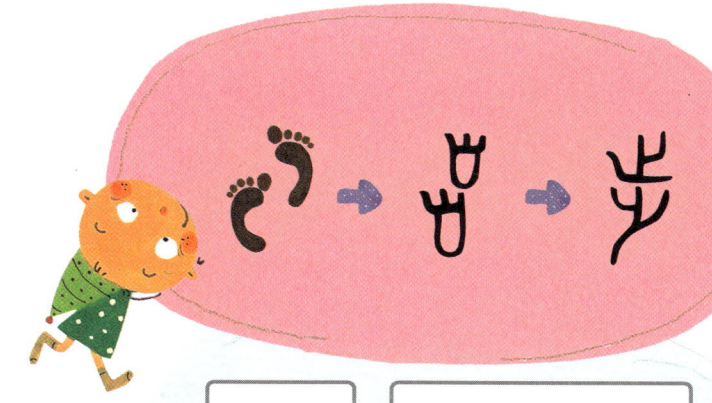

☐ 뜻: 다닐, 항렬 소리: 행, 항

☐ 뜻: 걸을 소리: 보

• 자원을 보고 한자의 모양을 떠올리지 못하면 한자 카드를 보고 쓰도록 합니다.

그림을 보고 알맞은 한자를 찾아 ◯하세요.

行 ⓜ明 立 步

步 多 行 光

山 水 坐 行

步 山 水 月

• 光과 明, 行과 步는 그림이 혼동될 수 있으니 유의하여 풀이합니다.

🖊 빈 칸에 알맞은 한자를 쓰세요.

光　行　明　步

📝 동화를 읽고 〈보기〉에서 알맞은 한자를 찾아 쓰세요.

해님과 바람

어느 날 해 [日] 님과 바람 [風] 이 만났어요.

"내가 바람을 일으키면 누구도 피해갈 수 없을걸."

"바람님, 그럼 누가 더 센지 한 번 시합해 볼까요?"

그 때 마침 한 나그네가 걸어가고 [步] 있었어요.

"저 사람 [人] 의 외투를 먼저 벗기기 시합해요!"

바람이 먼저 자신만만하게 있는 힘을 다해 바람을 세차게 몰아쳤어요.

그런데 나그네는 가던 길을 멈추고 옷깃을 여미었어요.

바람이 입김을 강하게 불면 불수록 나그네는 더 옷깃을 단단히 여미었어요.

"바람님, 이제 내 차례지요?" 해님이 밝은 [明] 햇빛을 쨍쨍 비추었어요.

나그네의 이마에는 어느새 땀이 송글송글 맺혔어요.

"바람이 세차게 불더니 이젠 따가운 빛 [光] 이 비추고…, 이게 무슨 일이람?"

나그네는 외투를 벗어 버렸어요.

"바람님, 이 세상에는 힘으로 안 되는 일도 있답니다." 하고 해님이 웃으며 말했어요.

〈보기〉 人 風 光 步 日 明

● 제시된 문항 이외에도 한자로 변환할 수 있는 부분은 바꾸어 봅니다.

 풀어보기

● 한자의 뜻과 소리를 쓰세요.

光 뜻: _____ 소리: _____   明 뜻: _____ 소리: _____

步 뜻: _____ 소리: _____   行 뜻: _____ 소리: _____

● 바르게 연결하세요.

 · · 步

 · · 明

· 光

· 行

● 빈 칸에 알맞은 한자를 쓰세요.

　*세계의 [문]문 [　]명 은 주로 큰 강 주위에서 발생했습니다.

　*국군의 날 군인들이 [　]행 [진]진 하는 모습이 정말로 늠름합니다.

　*열심히 노력하자 앞길에 [　]광 [명]명 이 비쳤습니다.

　*할아버지께서는 [　]보 [행]행 이 불편하십니다.

● 뜻·소리에 알맞은 한자를 쓰세요.

빛 광					
밝을 명					
다닐/항렬 행/항					
걸을 보					

부수 이야기 6

부수로 쓰였을 때 心, 草, 刀, 肉의 모양도 변합니다.
모르는 한자라도 유심히 살펴보면 마음, 풀, 칼(날카로움), 고기 또는 사람의 몸과 관련있는 한자를 만들어 냈음을 알 수 있습니다.

| 心 → 忄, 㣺 | 情 | 性 | 恭 | 慕 |
| 마음 심 | 뜻 정 | 성품 성 | 공손할 공 | 사모할 모 |

| 草 → 艸, 艹 | 花 | 英 | 茶 | 菊 |
| 풀 초 | 꽃 화 | 꽃부리 영 | 차 다(차) | 국화 국 |

| 刀 → 刂 | 利 | 別 | 劍 | 刑 |
| 칼 도 | 이로울 리 | 다를(나눌) 별 | 칼 검 | 형벌 형 |

| 肉 → 月 | 育 | 肥 | 胃 |
| 고기 육 | 기를 육 | 살찔 비 | 밥통 위 |

부수의 모양 변화를 위주로 살펴보면 대략의 뜻을 짐작할 수 있습니다.

해답 C2집 73a-84a

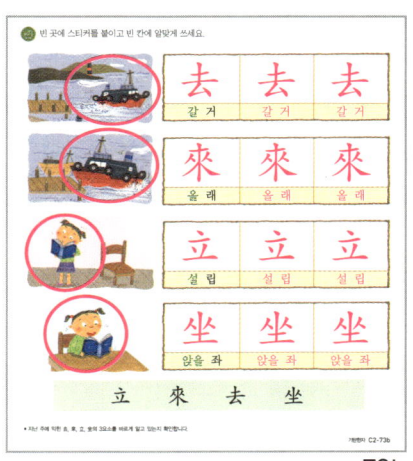

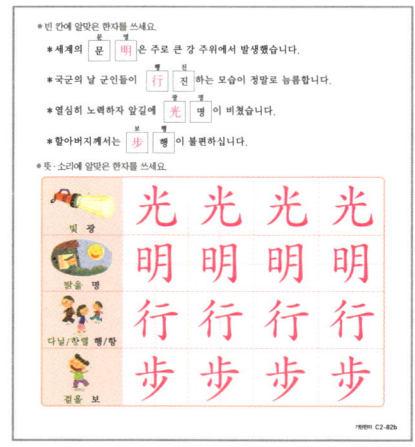

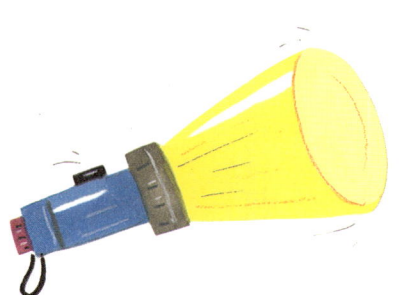

光

明

行

步

밝을 명

빛 광

걸을 보

다닐/항렬 행/항

風光

文明

行進

步兵

문명

인간의 외면적인 생활 조건이나 질서에 대한 물질 문화를 이름

文 : 글월 문   明 : 밝을 명

풍광

경치.
자연의 아름다운 모습

風 : 바람 풍   光 : 빛 광

보병

소총이나 기관총 등을 가지고 싸우는 육군의 주력 부대

步 : 걸을 보   兵 : 병사 병

행진

여럿이 줄을 지어 앞으로 나아감

行 : 다닐 행/항렬 항   進 : 나아갈 진

73b

74a
光 빛 광

步 걸을 보

74b
明 밝을 명

行 다닐 행
항렬 항

75a
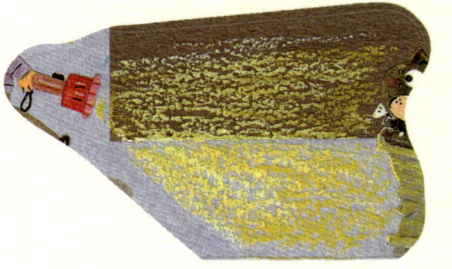

光

76a

明

77a

行

78a

步

 재미로 읽기

 걸을 보 步

펴낸이 : 정지향
펴낸곳 : (주)기탄교육
기획·편집·디자인 : 기탄교육연구소
주소 : 06698 서울특별시 서초구 효령로 40 기탄출판센터
등록 : 제2000-000098호
전화 : (02)586-1007
팩스 : (02)586-2337

※서점에 갈 시간이 없거나 구하기 어려운 분은 인터넷 또는 전화로 신청하세요. 즉시 우송해 드립니다.
● www.gitan.co.kr

ⓒ (주)기탄교육 All rights reserved.
저작권자의 동의 없이 본 교재를 무단으로 복제하거나 전재하는 것을 금합니다.

받아쓰기

● 엄마가 뜻·소리를 부르고 아이가 한자를 써 보도록 합니다.

7호에서 배운 한자를 다시 한번 써 보세요.

| 光 | 光 | 光 | 光 | 光 | 光 |

빛 광

| 明 | 明 | 明 | 明 | 明 | 明 |

밝을 명

| 行 | 行 | 行 | 行 | 行 | 行 |

다닐/항렬 행/항

| 步 | 步 | 步 | 步 | 步 | 步 |

걸을 보

C2집
85a-96a

8호

기탄한자 C단계 2집 85a~96a

그림으로 익히고 놀이로 기억하는 입체 한자 학습 프로그램

기탄® 한자

C2집
8호
85a-96a

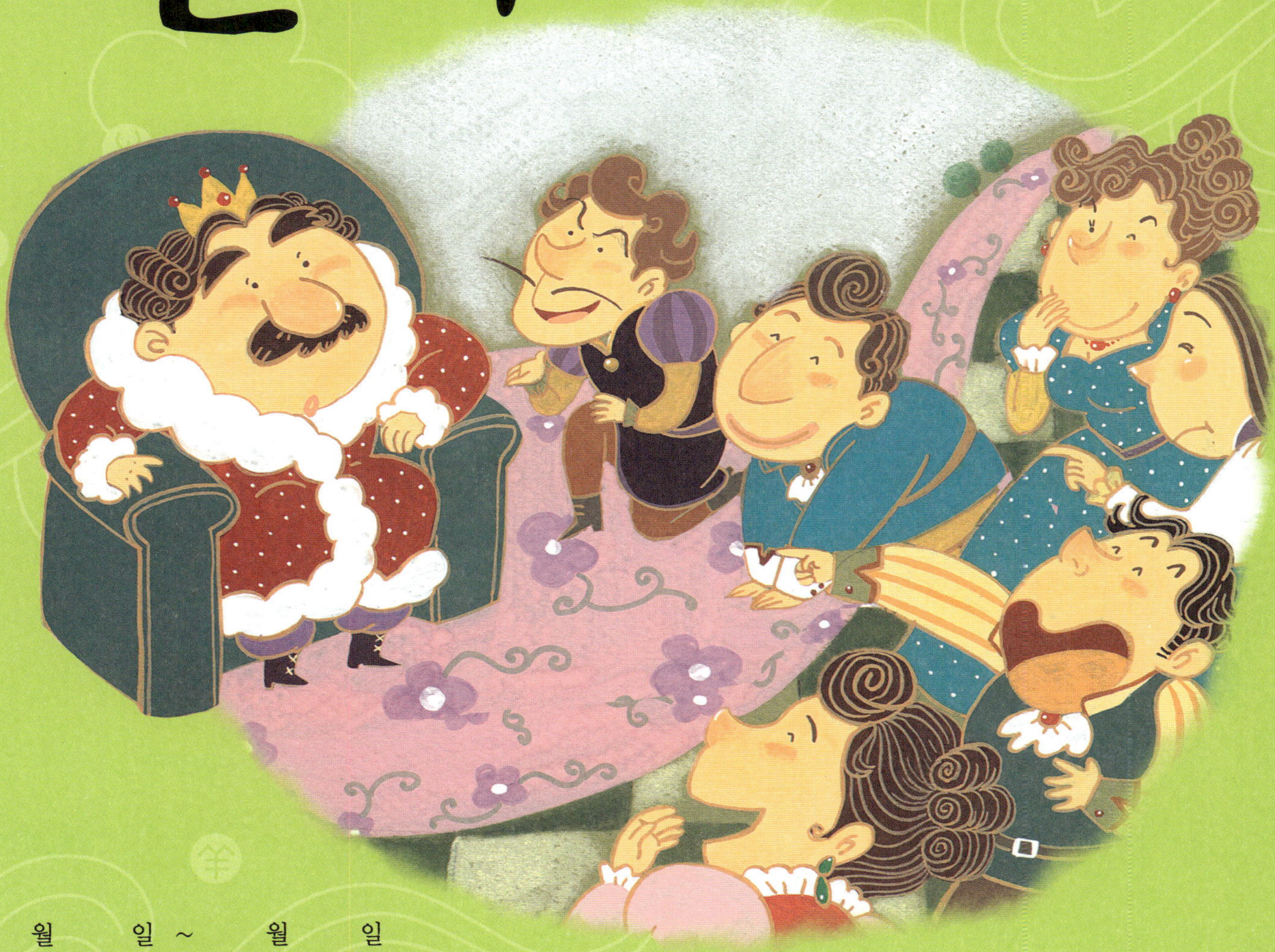

공부한 날	월	일 ~	월	일	
		(원)교		반	
이름		전화			

www.gitan.co.kr

기초 탄탄한 교육 · 기초 탄탄한 학습
기탄교육

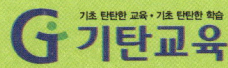

 **C단계**에서 배울 한자입니다.

	C단계						
1집	文, 化, 言, 才	2집	出, 入, 內, 外	3집	天, 地, 江, 河	4집	君, 臣, 兵, 卒
	兄, 弟, 交, 友		去, 來, 立, 坐		毛, 皮, 角, 蟲		方, 向, 左, 右
	多, 少, 血, 肉		光, 明, 行, 步		古, 今, 衣, 食		本, 末, 分, 合
	복습		복습		복습		복습

※ 매주마다 학습한 한자를 누적하여 읽어 보세요.

학습 진단 관리표

	훈음 읽기	훈음 쓰기	한자 쓰기	한자어 읽기
금주평가	Ⓐ 아주 잘함	Ⓐ 아주 잘함	Ⓐ 아주 잘함	Ⓐ 아주 잘함
	Ⓑ 잘함	Ⓑ 잘함	Ⓑ 잘함	Ⓑ 잘함
	Ⓒ 보통	Ⓒ 보통	Ⓒ 보통	Ⓒ 보통
	Ⓓ 노력해야 함	Ⓓ 노력해야 함	Ⓓ 노력해야 함	Ⓓ 노력해야 함

이번 주는?

- 학습방법 ❶ 매일매일 ❷ 가끔 ❸ 한꺼번에 하였습니다.
- 학습태도 ❶ 스스로 잘 ❷ 시켜서 억지로 하였습니다.
- 학습흥미 ❶ 재미있게 ❷ 싫증내며 하였습니다.
- 교재내용 ❶ 적합하다고 ❷ 어렵다고 ❸ 쉽다고 하였습니다.

지도 교사가 부모님께 | 부모님이 지도 교사께

종합평가   Ⓐ 아주 잘함   Ⓑ 잘함   Ⓒ 보통   Ⓓ 노력해야 함

C2집 85a-96a

이번 주에는 **C5, C6, C7호**에서 배운 한자를 복습해요.

이렇게 **도와** 주세요

1일차 85a~86b	• C2집에서 배운 12자의 뜻, 소리를 읽어 봅니다. • 5호에서 학습한 出, 入, 內, 外의 뜻, 소리, 한자어, 자원을 복습합니다. • 한자 병풍 놀이로 아이와 함께 놀아 줍니다.	
2일차 87a~88a	• 6호에서 학습한 去, 來, 立, 坐의 뜻, 소리, 한자어, 자원을 복습합니다. • 나이가 어린 경우 쓰기는 제외하고 훈음, 한자어 읽기를 위주로 학습을 진행합니다.	
3일차 88b~89b	• 7호에서 학습한 光, 明, 行, 步의 뜻, 소리, 한자어, 자원을 복습합니다. • 光, 明, 行, 步로 이루어진 여러 한자어를 찾아 보거나 말해 줍니다.	
4일차 90a~92b	• 12자의 한자를 여러 가지 방법을 활용해서 기억하도록 합니다. • 유난히 어려워하는 한자는 카드를 이용하여 이해를 도와 줍니다.	
5일차 93a~96a	• 형성평가를 통해 C2집에서 배운 12자의 성취도를 평가합니다. • 8세 미만의 경우는 훈음읽기 위주로 목표를 정하고 쓰기는 50% 이상의 점수를 맞으면 다음 진도로 진행합니다.	

복습해요

🔊 한자의 뜻과 소리를 말해 보세요.

出	入	內	外
去	來	立	坐
光	明	行	步

• C2집 5호, 6호, 7호에서 배운 한자를 복습합니다. 모르는 한자는 한자 카드를 통해 복습합니다.

 出 入 內 外

어떤 한자를 배웠나요? 스티커를 붙이고 알맞은 한자를 쓰세요.

날 출 — 出

들 입

안 내

밖 외

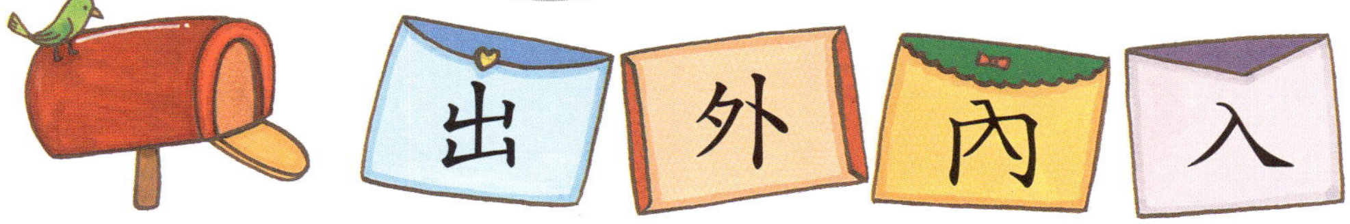

• C2집 5호에서 배운 한자를 복습합니다.

동물이 설명하고 있는 한자는 무엇일까요? 빈 칸에 쓰세요.

- 한 발이 동굴 밖으로 나가는 것을 본떠 나가다를 뜻합니다.

- 날카로운 물건의 모양을 본뜬 것으로 들어가다라는 뜻을 나타낸 한자입니다.

- 안을 뜻하고 내라고 읽습니다.

- 밖, 벗어나다를 뜻하고 외라고 읽습니다.

✏️ 빈 칸에 알맞은 한자를 쓰세요.

나는 서울 [출] 生 입니다.

요즘 오락실 出 [입] 이 잦구나!

車 內 에서는 얌전히 앉아 있어야 해요.

그들 內 [외] 는 참 다정해 보여.

入   出   內   外

• 出生 ➡ 出生, 출입 ➡ 出入, 차內 ➡ 車內, 내외 ➡ 內外로 바꾸어 써 봅니다.

한 번 더! 去 來 立 坐

어떤 한자를 배웠나요? 스티커를 붙이고 알맞은 한자를 쓰세요.

갈 거

올 래

설 립

앉을 좌

去 立 來 坐

• C2집 6호에서 배운 한자를 복습합니다.

✏️ 동물이 설명하고 있는 한자는 무엇일까요? 빈 칸에 쓰세요.

  →  →
- 옛날에 사람이 살던 동굴의 출구 모습을 본떠 만든 한자입니다.
- 가다, 떠나가다를 뜻하고 거로 읽습니다.

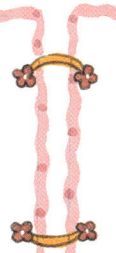

  →  →
- 본래는 보리, 또는 밀을 뜻하는 한자였으나, 지금은 오다를 뜻하는 한자입니다.

  →  →
- 서다를 뜻하고 립으로 읽습니다.

  →  →
- 흙 위에서 두 사람이 앉아 있는 모습에서 흙 토(土)와 사람 인(人)을 합하여 앉다를 뜻합니다.

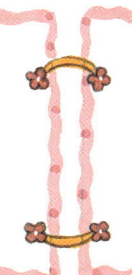

📝 빈 칸에 알맞은 한자를 쓰세요.

스님은 정[ ] 하고 참선 중이셨다.
(정 좌)

상상만 해도 즐거운
미[ ] 의 멋진 모습!
(미 래)

겨울이 시작 되는 절기를
[ ]동 이라고 해요.
(입 동)

과[ ] 보다는 미래가 더 중요하지.
(과 거)

去   來   立   坐

● 立은 첫소리로 쓰이면 '입' 으로 읽습니다. (예: 立席 → 입석)

한 번 더! 光 明 行 步

어떤 한자를 배웠나요? 스티커를 붙이고 알맞은 한자를 쓰세요.

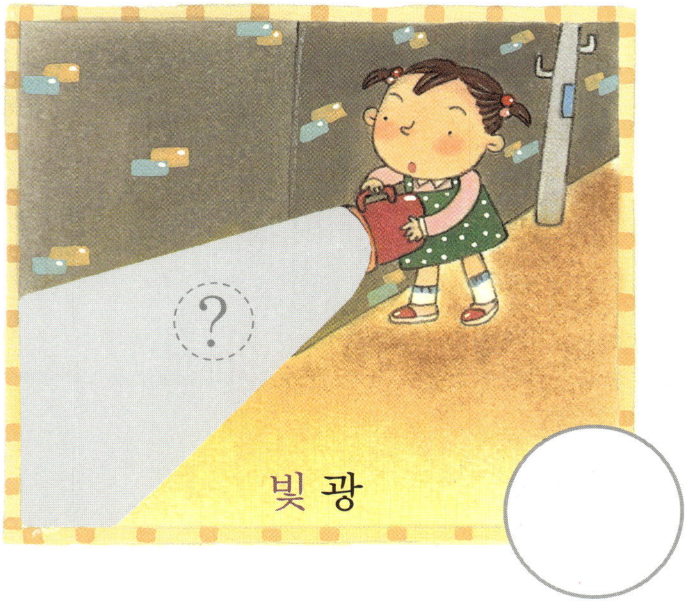

빛 광

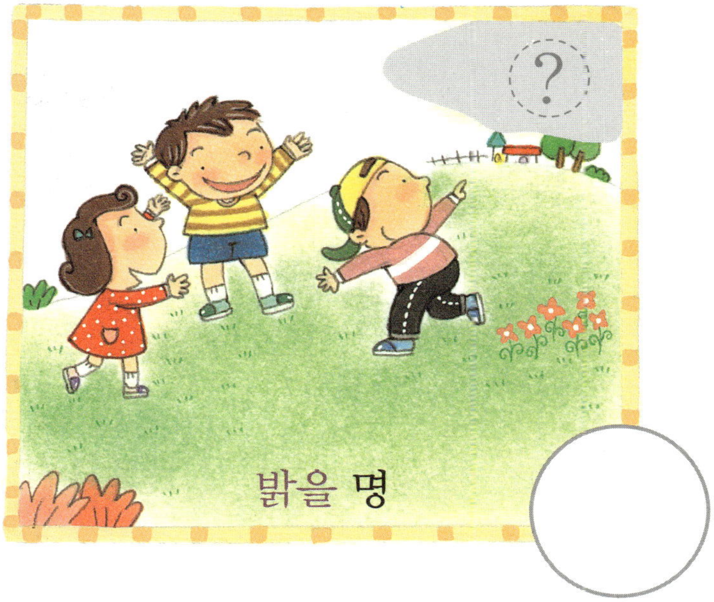

밝을 명

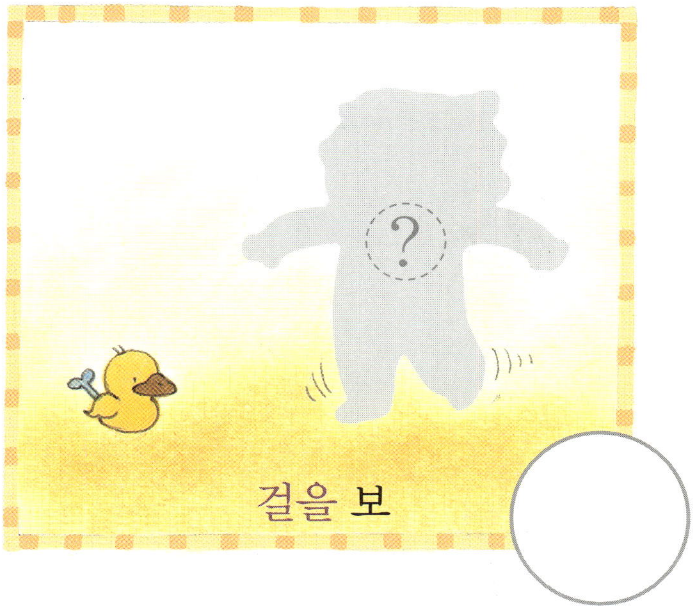

걸을 보

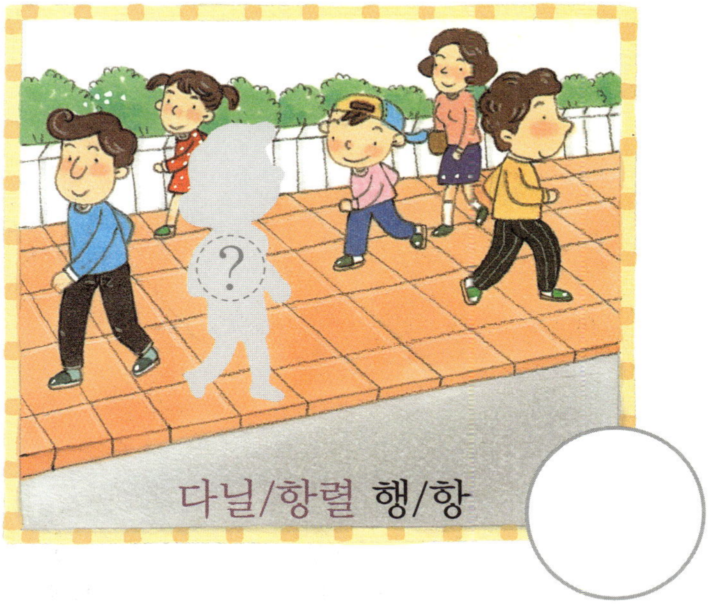

다닐/항렬 행/항

光 明 行 步

동물이 설명하고 있는 한자는 무엇일까요? 빈 칸에 쓰세요.

- 빛을 뜻하고 광으로 읽습니다.

- 日(해 일)과 月(달 월)을 합하여 밝다라는 뜻을 나타낸 한자입니다.

- 길의 네 거리 모양을 본떠 만든 한자로 가다, 행하다를 뜻합니다.

- 두 발을 각각 한 번씩 들어 앞으로 나아간 것을 나타낸 한자입니다.

- 자원을 보고 한자의 모양을 떠올리지 못하면 한자 카드를 보고 쓰도록 합니다.

📝 빈 칸에 알맞은 한자를 쓰세요.

풍 광
풍 [光] 좋은 곳에서 백일장이 열렸다.

명 월
저 [明] 월 속에 정말 토끼가 있을까?

산 행
아빠와 함께 산 [行] 을 했다.

보 병
아빠는 육군 [步] 병 으로 제대하셨다.

| 行 | 明 | 光 | 步 |

• 풍광 ➡ 風光, 명월 ➡ 明月, 산 行 ➡ 山行으로 표기해 보도록 합니다.

🖊 동화를 읽고 빈 칸에 알맞은 한자를 쓰세요.

벌거벗은 임금님

出
入
內
外
去
來

옛날에 치장하기를 무척 좋아하는 임금님이 있었어요.

이 소문을 듣고 사기꾼 재단사 두 사람이 궁궐 **안** ☐ 으로 찾아 **왔어요** 來.

"임금님, 저희들이 세상에서 가장 아름다운 옷을 축제날까지 만들어 바치겠습니다."

"그래, 어떤 옷이냐?"

"네, 마음씨 나쁜 사람의 눈에는 **밝은** ☐ 대낮에도 전혀 보이지 않고,

마음씨 착한 사람들 눈엔 캄캄한 밤에 **걸어도** ☐ 보이는 옷입니다."

"거참, 신기하구나!"

"바로 옷방으로 **가서** 去 만들도록 하거라!"

임금님은 **출입**☐☐ 할 때마다 옷방을 넘겨다 보았어요.

재단사들은 **서서**☐ 열심히 무엇을 만드는 것 같았으나,

옷은 보이지 않았어요. 하지만 옷이 보이지 않는다는 것을 말하지 못했어요.

드디어 축제날이 되었어요.

"임금님, 정말 잘 어울리십니다."

재단사들은 임금님을 벌거벗겨 놓고는 말했어요.

신하들도 옷이 보이지는 않았으나, 말을 하지 못했어요.

임금님은 백성들 사이로 걸어갔어요.

그 때, 한 아이가 소리쳤어요.

"우아, 하하하……. 임금님이 벌거벗었다. 임금님은 벌거숭이다!"

立 坐 光 明 行 步

다지기

관계있는 것끼리 연결하고 빈 칸에 한자를 쓰세요.

出

빈 칸에 알맞은 뜻과 소리를 쓰세요.

마무리하기

✎ 빈 칸에 뜻과 소리를 쓰고 필순에 맞게 한자를 쓰세요.

出 날 출	出 丨 十 屮 出 出
入	入 ノ 入
內	內 丨 冂 内 內
外	外 ノ ク タ 夕 外

빈 칸에 뜻과 소리를 쓰고 필순에 맞게 한자를 쓰세요.

去	去				
	一 十 土 去 去				
來	來				
	一 ㄏ ㄏ ㄏ ㄏ 夾 來 來				
立	立				
	、 一 亠 立 立				
坐	坐				
	ノ 人 사 사 사 坐 坐				

빈 칸에 뜻과 소리를 쓰고 필순에 맞게 한자를 쓰세요.

光						
	丨 丨 丬 业 并 光					
明						
	丨 冂 冂 日 町 明 明 明					
行						
	丿 彳 彳 彳 行 行					
步						
	丨 止 止 步 步 步 步					

형성평가

얼마나 알고 있나요?

평가일	년 월 일	
소요시간	시 분 ~ 시 분	
평가결과	28~36문항	아주 잘 했어요. C3집 9호를 학습하세요.
	19~27문항	틀린 한자를 다시 익혀요.
	18문항 이하	C2집을 복습해요.

● 한자의 뜻과 소리를 쓰세요.

1. 光　　뜻:　　소리:
2. 入　　뜻:　　소리:
3. 步　　뜻:　　소리:
4. 外　　뜻:　　소리:

5. 去　　뜻:　　소리:
6. 來　　뜻:　　소리:
7. 立　　뜻:　　소리:
8. 坐　　뜻:　　소리:

9. 出　　뜻:　　소리:
10. 明　　뜻:　　소리:
11. 行　　뜻:　　소리:
12. 內　　뜻:　　소리:

● 선을 따라 잘라서 풀어 보세요.

● 빈 칸에 알맞은 한자를 쓰세요.

步 入 內 光 去 立 坐 出 明 行 外 來

● 빈 칸에 알맞은 한자를 쓰세요.

25.  과 거 / 과 ☐

26.  입 구 / ☐ 구

27.  산 행 / 산 ☐

28.  정 좌 / 정 ☐

29.  출 생 / ☐ 생

30.  입 동 / ☐ 동

31.  미 래 / 미 ☐

32.  내 외 / 내 ☐

33.  풍 광 / 풍 ☐

34.  명 월 / ☐ 월

35.  차 내 / 차 ☐

36.  보 병 / ☐ 병

坐　入　內　立　去　步　來　行　出　明　光　外

해답

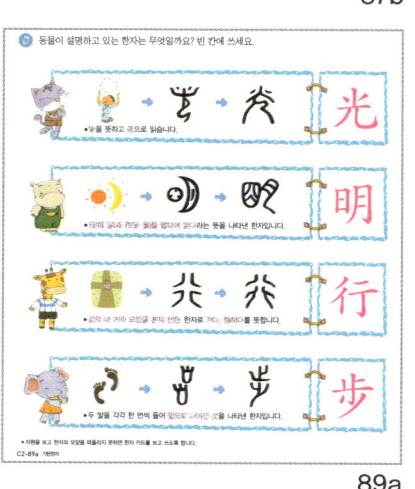

기탄한자 **C2** 집 부교재　한자 병풍 놀이　● C2집 8호 간지에 실린 한자 병풍 놀이 방법을 활용해서 아이와 함께 놀아 주세요.

明 行 步

85b

87a

88b

90a

90b

91a
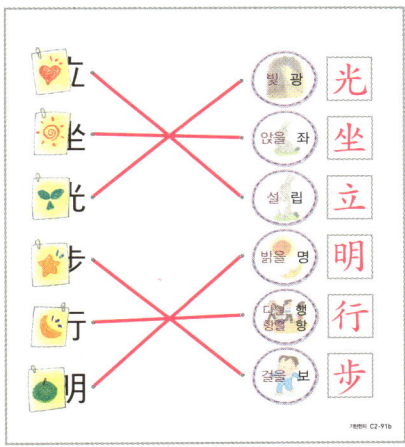
91b

92a

92b

94b

95a

95b

펴낸이 : 정지향
펴낸곳 : (주)기탄교육
기획·편집·디자인 : 기탄교육연구소
주소 : 06698 서울특별시 서초구 효령로 40 기탄출판센터
등록 : 제2000-000098호
전화 : (02)586-1007
팩스 : (02)586-2337

※서점에 갈 시간이 없거나 구하기 어려운 분은 인터넷 또는 전화로 신청하세요. 즉시 우송해 드립니다.
● www.gitan.co.kr

ⓒ (주)기탄교육 All rights reserved.
저작권자의 동의 없이 본 교재를 무단으로 복제하거나 전재하는 것을 금합니다.

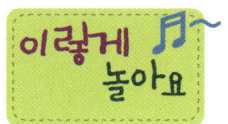

한자 병풍 놀이

한자 병풍 놀이는 C2집에서 배운 12자의 한자를 접었다 펼쳤다 하는 활동을 가미한 놀잇감입니다.
아이들이 좋아하는 동요의 리듬에 맞춰 앞서 배운 한자의 뜻·소리를 외우는 놀이입니다.

● 노래하기

1 8호의 부교재를 뜯어 두 개의 한자 병풍을 만들어요.

2 한자가 쓰여진 면을 접었다가 펴면서 뜻·소리를 동요 리듬에 맞추어 노래해요.

3 날~출, 들~입, 안~내, 밖~외, 갈~거, 올~래, 설 립, 앉을 좌, 빛 광, 밝을 명

예 : 송아지 리듬에 맞춰 노래 불러요.

• 제시된 놀이 방법 이외에도 재미있는 방법으로 익히도록 합니다.

기획·편집·디자인 기탄교육연구소
주소 06698 서울특별시 서초구 효령로 40 기탄출판센터 | **전화** (02) 586-1007 | **팩스** (02) 586-2337
ⓒ (주)기탄교육 All rights reserved. 본 교재의 저작에 관한 모든 권리는 (주)기탄교육에 있습니다. 저작권자의 동의 없이 본 교재를 무단으로 복제하거나 전재하는 것을 금합니다.